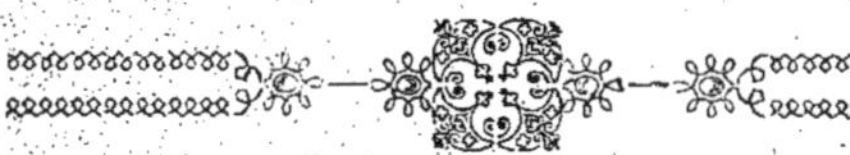

MANUEL
DES ASPIRANTS

AUX GRADES DE

SOUS-CHEF ET DE CHEF

DE MUSIQUE DE L'ARMÉE

PAR

A. ELWART

Professeur d'Harmonie au Conservatoire impérial de Musique et de Déclamation,
Chevalier des Ordres royaux de Charles-III d'Espagne, et de l'Aigle-Rouge de Prusse.

Cet ouvrage, qui a été approuvé par la Commission d'Examen,
est enrichi d'un Appendice contenant les Décrets impériaux, les Ordonnances
et Circulaires ministérielles qui régissent la matière, et il est terminé par deux Planches
représentant tous les Instruments de la nouvelle Organisation.

PRIX NET : 2 FRANCS.

DEUXIÈME ÉDITION

REVUE ET CORRIGÉE.

PARIS

ANCIENNE MAISON MEISSONNIER

(COMPAGNIE MUSICALE)

E. GÉRARD ET Cⁱᵉ, ÉDITEURS-COMMISSIONNAIRES, 18, RUE DAUPHINE.

Propriété pour tous pays.

MANUEL DES ASPIRANTS

AUX GRADES DE SOUS-CHEF ET DE CHEF

DE MUSIQUE DE L'ARMÉE.

MUSIQUE TYPOGRAPHIQUE

DE

TANTENSTEIN

Rue Neuve-des-Poirées, 8.

Paris. — Impr. G.-A. Pinard, cour es Miracles, 9

MANUEL
DES ASPIRANTS

AUX GRADES DE

SOUS-CHEF ET DE CHEF

DE MUSIQUE DE L'ARMÉE

PAR

A. ELWART

Professeur d'Harmonie au Conservatoire impérial de Musique et de Déclamation,
Chevalier des Ordres royaux de Charles III d'Espagne, et de l'Aigle-Rouge de Prusse.

Cet ouvrage, qui a été approuvé par la Commission d'Examen,
est enrichi d'un Appendice contenant les Décrets impériaux, les Ordonnances
et Circulaires ministerielles qui régissent la matière, et il est terminé par deux Planches
représentant tous les Instruments de la nouvelle Organisation.

PRIX NET : 2 FRANCS.

DEUXIÈME ÉDITION

PARIS

ANCIENNE MAISON MEISSONNIER
(COMPAGNIE MUSICALE)

E. GÉRARD ET Cⁱᵉ, ÉDITEURS-COMMISSIONNAIRES, 18, RUE DAUPHINE.

Propriété pour tous pays.

PRÉFACE.

L'administration supérieure de la guerre, en fondant au Conservatoire Impérial de Musique des examens et des concours annuels pour l'admission des musiciens de différentes classes, des chefs et sous-chefs de musique de l'armée, a rendu un immense service aux artistes militaires et civils.

Grâce à cette mesure toute paternelle, les jeunes compositeurs, ayant un avenir assuré, pourront parcourir avec honneur et profit une carrière dans laquelle il y a aussi de la gloire à acquérir.

C'est donc pour faciliter l'admission des candidats que l'auteur a écrit ce *Manuel* à leur usage.

Supposant avec raison que les aspirants qui le consulteront, possèdent les connaissances harmoniques indispensables pour se présenter aux examens du concours annuel du Conservatoire, l'auteur a passé légèrement sur cette partie obligée de toute bonne éducation d'un compositeur, et il s'est attaché plus particulièrement à l'enseignement de l'instrumentation militaire pour l'infanterie et pour la cavalerie.

Les nouveaux instruments, créés la plupart et perfectionnés tous par l'habile facteur Adolphe Sax, y sont traités avec soin; leur rôle dans la partition, leur étendue, leur effet réel, leur caractère particulier y sont indiqués avec une scrupuleuse minutie, et les membres de la *Commission d'Examen*, présidée par un de nos plus braves généraux, ont été si satisfaits du travail de l'auteur que chacun d'eux a bien voulu le gratifier de modèles de leçons écrites dans le style mélodique et harmonique exigé par les prescriptions ministérielles. Cette espèce de collaboration bien flatteuse pour l'auteur est la meilleure approbation que la *Commission d'Examen* ait pu faire de son Manuel, et c'est avec confiance qu'il l'offre aux méditations de ses lecteurs.

Déjà plusieurs élèves formés par cet ouvrage ont eu l'honneur d'être nommés chefs de musique après avoir subi les épreuves du concours (*). Ces brillants résultats parlent assez haut en faveur d'un *Manuel* qui sera d'un secours efficace pour les aspirants civils ou militaires éloignés des grands centres artistiques ; de plus, il viendra également en aide aux professeurs qui, n'ayant pas de méthode particulière, seront charmés de trouver dans cet ouvrage un plan d'étude dont la rédaction systématique a été l'objet de l'approbation officielle de la Commission qui siége annuellement au Conservatoire.

A. E.

Paris le 15 Octobre 1861.

(*) La première édition du **Manuel des Aspirants** a été épuisée en moins de deux mois.

(Note de l'Éditeur.)

CONSERVATOIRE IMPÉRIAL DE MUSIQUE
ET DE DÉCLAMATION.

RAPPORT DE LA COMMISSION D'EXAMEN A SON EXCELLENCE LE MARÉCHAL
MINISTRE DE LA GUERRE SUR LE
MANUEL DES ASPIRANTS DE M. A. ELWART.

Paris, 18 avril 1857.

Monsieur le Ministre,

Nous avons l'honneur de vous soumettre le Rapport que Votre Excellence a bien voulu nous demander sur un ouvrage intitulé : *Manuel des Aspirants aux grades de Chef et de Sous-Chef de musique de l'Armée*, et dont M. A. Elwart est l'auteur.

Cet ouvrage que nous avons examiné avec soin, atteint parfaitement le but qu'on s'y est proposé. C'est une petite Encyclopédie musicale que les élèves, privés des conseils suivis d'un maître habile, pourront consulter avec fruit, afin de se mettre promptement en état de subir les examens imposés à tous ceux qui désirent occuper des emplois de chef ou de sous-chef de musique dans l'armée.

Divisé en six livres le Manuel de M. Elwart traite successivement de l'harmonie, des notes de passage, des cadences, de l'instrumentation militaire, de la réalisation d'une basse, de l'accompagnement d'un chant donné, et de l'art de développer un thème musical.

Un Appendice contient les décrets de S. M. l'Empereur, relatif à l'organisation des musiques de la Garde impériale et les ordonnances ministerielles qui règlent la matière et le mode des concours.

Essentiellement pratique, cet ouvrage se distingue par son style clair et précis, par une exposition simple et rationnelle des règles de l'art, enfin par un très bon choix d'exemples donnant sur chaque article important l'application immédiate des préceptes.

En conséquence, Monsieur le Ministre, nous n'hésitons pas à ranger le travail de M. Elwart parmi les publications destinées à favoriser les progrès des musiciens de l'armée.

Veuillez agréer, Monsieur le Ministre, l'hommage du profond respect avec lequel nous sommes

De Votre Excellence,

les très-dévoués et très-obéissants serviteurs,

Général MELLINET, Président.

AMBROISE THOMAS, Membre de l'Institut.

F. BAZIN, Professeur au Conservatoire Impérial de Musique.

GEORGES KASTNER,
Membre de l'Institut, secrétaire-rapporteur.

MINISTÈRE DE LA GUERRE.

(CABINET DU MINISTRE.)

(Extrait de la lettre adressée à l'auteur du *Manuel des Aspirants aux emplois de Chef et de Sous-Chef de Musique de l'Armée*, par son Excellence M. le Maréchal **VAILLANT**, Secrétaire d'État, Ministre de la Guerre.)

Paris, le 9 décembre 1857.

Monsieur,

J'ai soumis votre ouvrage à l'examen de la Commission présidée par M. le Général Mellinet, ainsi que vous me l'aviez demandé, et je suis charmé de vous faire connaître que son rapport conclut à ranger votre travail parmi les publications destinées à favoriser le progrès des musiciens de l'armée.

Recevez, Monsieur, l'assurance de ma considération.

Le Maréchal de France,

Secrétaire d'Etat, Ministre de la Guerre,

Signé: **VAILLANT**.

MANUEL DES ASPIRANTS

AUX GRADES DE

SOUS-CHEF ET DE CHEF DE MUSIQUE MILITAIRE.

LIVRE PREMIER.

CHAPITRE I.

AXIOMES HARMONIQUES.

1. C'est par l'exécution simultanée de plusieurs intervalles musicaux que se forment les accords.

2. Les intervalles sont les sons qui constituent la gamme. Ils sont *mélodiques* quand ils forment un chant ou un air, et *harmoniques* lorsqu'on produit des accords par leur exécution simultanée. Les intervalles sont aussi *simples* et *composés*. Ils sont *simples* à partir de la première note ou de la tonique d'une gamme jusqu'à la septième note supérieure, et *composés* de la huitième note à la douzième note supérieure à la tonique, point de départ.

L'octave est donc la répétition à huit degrés du premier son-tonique ; la neuvième est la répétition du second son, la dixième est la répétition du troisième, la onzième est la répétition du quatrième son, et enfin la douzième est la répétition du cinquième son. Les intervalles se renversent. (*)

3. La tierce est l'élément avec lequel on forme toute espèce d'ac-

---

(*) Etat direct ou primitif des intervalles :   Intervalles simples : 1 2 3 4 5 6 7 Interv. composés : 8 9 10 11 12.
Leurs renversements : — 8 7 6 5 4 3 2 1 2 3 4 5. (Interv. simples.)

cord; c'est-à-dire que c'est en superposant plusieurs tierces successives que l'on produit les accords.

4. On divise les accords en trois groupes : groupe de trois sons, groupe de quatre sons, et groupe de cinq sons.

5. Les accords de trois sons, formés de deux tierces ascendantes, sont au nombre de quatre : 1° accord parfait majeur, 2° accord parfait mineur; 3° accord de quinte diminuée (*); 4° accord de quinte augmentée. Chacun de ces quatre accords est composé d'un son grave ou fondamental, d'une tierce et d'une quinte, auxquels on ajoute l'octave du premier son grave; mais cette adjonction n'est pas indispensable; c'est un complément, et rien de plus.

6. L'accord parfait, majeur ou mineur, est le seul de tous les accords du système qui offre un sens absolu. Tous les autres accords ont besoin, la plupart, d'être préparés et toujours résolus d'une manière fixe et régulière. Cependant, certains d'entre eux peuvent-être résolus exceptionnellement. Cette faculté sera enseignée en son lieu.

7. Tous les accords peuvent être renversés (**). Cependant, ceux de cinq sons, à cause de la dureté que produiraient leurs renversements, sont privés de cette faculté qui multiplie un accord, en le présentant sous plusieurs faces différentes sans pourtant changer sa nature particulière.

8. Chacun des degrés de la gamme majeure et mineure peut devenir à son tour, le premier degré d'un accord parfait. Cependant, le septième degré de la gamme majeure et le second degré de la gamme mineure n'ayant pas naturellement leur quinte parfaite ou *majeure*, sont privés de cette faculté et forment naturellement l'accord de *quinte diminuée*.

9. L'augmentation de l'accord de *quinte augmentée* est toujours produite artificiellement, — c'est-à-dire, qu'elle est produite par

---

(*) Tout intervalle peut avoir quatre qualités différentes. Il peut être, tour à tour : diminué, mineur, majeur et augmenté.

(**) L'effet du renversement donne aux intervalles la qualité opposée à celle qu'ils avaient à l'état direct ou non renversé : ainsi, les diminués deviennent augmentés, les mineurs, majeurs, les majeurs, mineurs, et les augmentés, diminués. Cependant la quinte parfaite ou majeure devient quarte de même nature lorsqu'elle est renversée.

l'emploi d'un dièse ou d'un bécarre placé devant la quinte de ce quatrième accord du premier groupe.

10. Les renversements se produisent en mettant à la basse soit la tierce, soit la quinte, soit enfin la septième des accords de trois et de quatre sons, (ceux de cinq sons étant privés de cette faculté ainsi que cela a été dit au § 7).

11. Les accords de *trois sons* (1ᵉʳ groupe) ont deux renversements ; ceux de *quatre sons* (2ᵉ groupe) en ont trois.

12. C'est en suivant la graduation arithmétique 5, 6, 7, 8, 9 que l'on exprime les accords de trois, de quatre et de cinq sons.

13. Voici la nomenclature de tous les accords du système :

PREMIER GROUPE DE TROIS SONS.

A. Accord parfait majeur. — (Son fondamental ou tonique, lorsque le son grave donne son nom au morceau de musique dans le ton duquel il est écrit), tierce majeure, et quinte parfaite.

B. Accord parfait mineur. — Son fondamental ou tonique, tierce mineure et quinte parfaite.

C. Accord de quinte diminuée. — Son fondamental, tierce mineure et quinte diminuée.

D. Accord de quinte augmentée. — Son fondamental, tierce majeure et quinte augmentée.

On ajoute l'octave à ces quatre accords, mais, ainsi que cela a été dit (§ 5), cette adjonction n'est qu'un complément qui n'est pas indispensable, parce que l'octave n'est pas un son nouveau.

DEUXIÈME GROUPE DE QUATRE SONS,
(divisé en deux séries.)

PREMIÈRE SÉRIE.

E. Accord de sixte augmentée simple. — Son grave, tierce majeure, quinte parfaite et sixte augmentée.

F. Accord de sixte et quarte augmentées. — Son grave, tierce majeure, quarte et sixte augmentées.

DEUXIÈME SÉRIE.

G. Accord de septième dominante. — Son fondamental, tierce majeure, quinte parfaite et septième mineure.

H. Accord de septième avec quinte augmentée. — Son fondamental, tierce majeure, quinte augmentée et septième mineure.

I. Accord de septième de deuxième espèce. — Son fondamental tierce mineure, quinte parfaite et septième mineure.

J. Accord de septième de troisième espèce. — Son fondamental, tierce mineure, quinte diminuée et septième mineure.

K. Accord de septième de quatrième espèce. — Son fondamental, tierce majeure, quinte parfaite et septième majeure.

L. Septième de sensible. — Son grave, tierce majeure, quinte diminuée et septième mineure.

M. Accord de septième diminuée. — Son grave, tierce mineure, quinte et septième diminuées.

Ces deux septièmes dérivent des neuvièmes majeure et mineure dont il va être parlé.

TROISIÈME GROUPE DE CINQ SONS.

N. Accord de neuvième dominante majeure. — Son fondamental, tierce majeure, quinte parfaite, septième mineure et neuvième majeure.

O. Accord de neuvième dominante mineure. — Son fondamental, tierce majeure, quinte parfaite, septième et neuvième mineures.

SUITE DES AXIOMES.

14. On sténographie les accords en surmontant les notes de la partie de basse de chiffres exprimant leur qualité et leurs points extrêmes. La basse chiffrée indique l'état direct ou non renversé, et l'état renversé de tous les accords.

15. On ne doit écrire que les chiffres exprimant les intervalles essentiels de chacun des accords.

16. Les accords parfaits s'enchaînent ou se succèdent au moyen de notes communes.

17. Une note commune à deux accords consécutifs doit être exécutée ou *tenue* par la même partie.

18. On commence et l'on termine par le même accord parfait. (*)

(*) C'est pour conserver l'intégralité de la gamme choisie, qu'un morceau écrit dans cette même gamme doit finir sur l'accord de la tonique. Cette règle peut se modifier, quant à la nature de la tierce lorsque le mode est mineur; mais la tonique reste toujours la même. (*Voir* plus loin le n° 34).

19. Cependant, on peut terminer un morceau mineur dans le ton majeur qui lui est synonyme. (Comme le ton de *la* naturel mineur terminant en *la* majeur.) La tonique reste la même, mais la qualité de la tierce change : de *mineure* qu'elle était, elle devient majeure. Il est rare qu'un morceau écrit en majeur termine dans son ton mineur synonyme. Cependant, l'expression de certaines situations scéniques, peut exiger quelque fois cet assombrissement de la tonique principale.

20. Pour écrire le premier accord parfait de début à quatre parties, on a le choix de trois positions ou arrangements supérieurs des voix ou instruments. L'octave de la basse placée à la première partie exprime la première position, la tierce, la deuxième position, et la quinte la troisième position.

21. On ne peut faire *de suite* entre deux parties que deux tierces, majeures ou mineures, deux sixtes ou deux dixièmes de mêmes qualités. Tous les autres intervalles, de seconde, de quarte, de quinte, de septième, d'octave, (*) de neuvième, de onzième et de douzième, plus d'une fois répétés entre deux mêmes parties, sont défendus à cause de l'effet dur qu'ils produiraient.

22. Les parties harmoniques ne peuvent se mouvoir entre elles qu'en mettant en œuvre :

Soit le mouvement semblable :

soit le mouvement contraire :

soit enfin le mouvement oblique :

23. La *partition vocale* se forme par l'emploi simultané du soprano, du contralto, du ténor et de la basse.

24. La mélodie, qui est l'âme de toute musique au spirituel, et son dessin au physique, est formée de *notes réelles* ou faisant partie intégrale des accords, et de notes de passage ou *artificielles*, qui passent dans l'harmonie sans faire partie des intervalles qui la constituent.

25. Ces notes de passage sont de six espèces :

1° de passage simple ;

2° appogiature ;

(*) Deux unissons entre deux mêmes parties sont également interdits.

3° anticipations ;

4° syncopes ;

5° suspensions ou retards ;

6° pédale.

26. L'*unisson* partiel ou général est un repos momentané que l'on fait de l'emploi des accords afin de donner plus d'effet à la rentrée de l'harmonie.

27. Les accords sont des espèces de couleurs qui, par l'emploi intelligent qu'un compositeur sait en faire, donnent une grande force d'expression à certains passages de la mélodie. Par eux, l'on exprime et l'on donne à chaque sentiment, à chaque mot essentiel de la poésie lyrique le caractère qui lui est propre.

28. Le but vers lequel tend l'art contemporain est de parvenir à si bien unir la mélodie à l'harmonie qu'il en résulte un tout parfait. Beethoven, Weber, Rossini et Meyerbeer, parmi les modernes, sont les quatre compositeurs dont les ouvrages offriront de nombreux modèles de cette fusion sublime.

29. L'usage consacré est d'apprendre l'harmonie abstraction faite de la mélodie. Ce système est vicieux : c'est par cette dernière que les élèves devraient commencer, mais cette étude ne saurait être faite que par des intelligences d'élite ; et les maîtres, à défaut d'élèves prédestinés, se sont contentés de faire des harmonistes corrects, ce qui, abstraction faite de tout génie musical, est possible puisque l'harmonie est une science exacte quant aux règles qui formulent sa syntaxe.

30. L'étude de l'harmonie doit être faite en réalisant des basses écrites spécialement pour chacun des accords du système. Cette réalisation devra se faire d'abord pour le piano, en mettant trois sons à la main droite et la basse à la main gauche. Après avoir pratiqué ainsi tout le système harmonique en accords plaqués, les élèves réaliseront les mêmes devoirs à quatre parties séparées en en écrivant la partition vocale formée, ainsi que cela a été dit au § 23, du soprano, du contralto, du ténor et de la basse.

CHAPITRE II.

CONSIDÉRATIONS IMPORTANTES SUR LA
NEUVIÈME DOMINANTE MAJEURE.

31. Cet accord renferme à l'état latent les éléments divers qui forment successivement les trois groupes d'accords de trois, de quatre et de cinq sons.

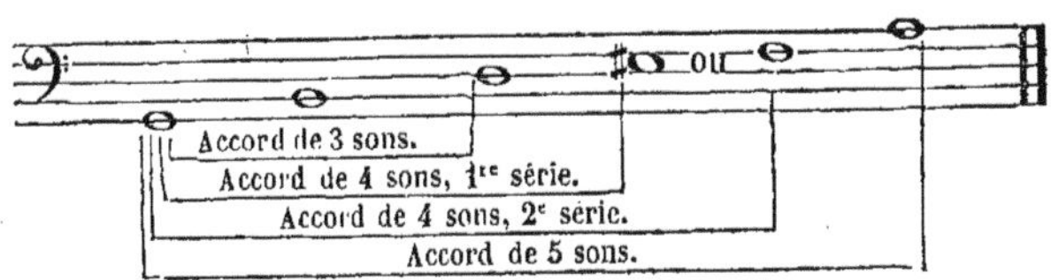

Le *mi dièse* étant la note enharmonique du *fa naturel*, forme la première série des accords de quatre sons, tandis que le *fa naturel* en forme la deuxième série.

32. Ajoutons que la sixte augmentée simple est une neuvième dominante mineure dont la quinte serait diminuée et de laquelle on aurait supprimé le son fondamental.

Seulement, on place à la basse la quinte diminuée, et l'on met la tierce majeure dans une des parties élevées, en choisissant la première de préférence, et l'accord de sixte augmentée simple est produit. Exemple :

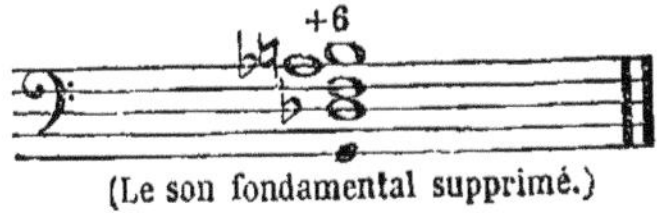

(Le son fondamental supprimé.)

L'unique renversement de la sixte augmentée simple se produit en éloignant la quinte diminuée de la neuvième mineure d'une distance de dixième diminuée de la tierce de l'accord dont on a supprimé le son fondamental, Exemple :

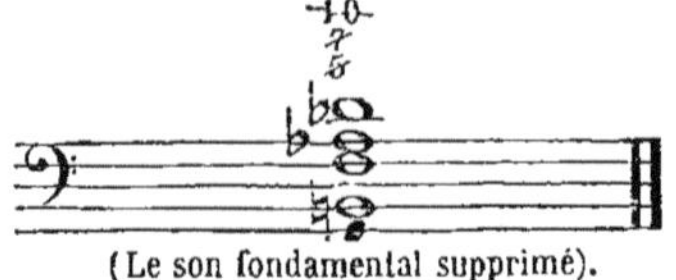

(Le son fondamental supprimé).

Si l'on veut produire la sixte et quarte augmentées, on supprime la neuvième mineure supérieure et l'on conserve le son fondamental, en plaçant à la basse la quinte diminuée. Exemple :

L'unique renversement de cet accord se produit en plaçant à la basse la tierce de la neuvième mineure et en éloignant la quinte diminuée de cet accord à une distance de dixième diminuée de la tierce de l'accord. Exemple :

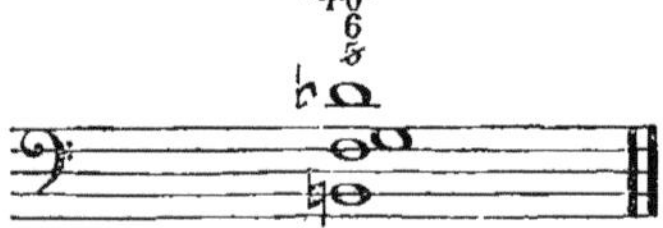

C'est afin de ne pas intervertir l'ordre de la nomenclature des accords de trois, de quatre et cinq sons que nous avons réservé les explications précédentes pour la fin de ce chapitre.

CHAPITRE III.

GRANDE BASSE CHIFFRÉE

OFFRANT L'EMPLOI SUCCESSIF DE TOUS LES ACCORDS DU SYSTÈME
A L'ÉTAT DIRECT ET RENVERSÉ.

Les élèves réaliseront cette basse à quatre parties. Ils la transposeront aussi dans les tons les plus usités avec dièses et bémols, et choisiront successivement une des trois positions pour l'accord de début.

Accord parfait majeur.
État direct. 1er renvers. 2e renversement.
Accord parfait mineur.
État direct. 1er renversement. 2e renversement.
Accord de quinte diminué, en majeur.
État direct. 1er renversement. 2e renversement.
Idem, en mineur.
État direct. 1er renversement. 2e renversement.
Accord de quinte augmentée.
État direct. 1er renversement. 2e renversement.
Accord de sixte augmentée simple.
État direct. Unique renvers.
Accord de sixte et quarte aug.
État direct. Unique renvers.
Emploi successif des deux accords.
État direct. Unique renversement.

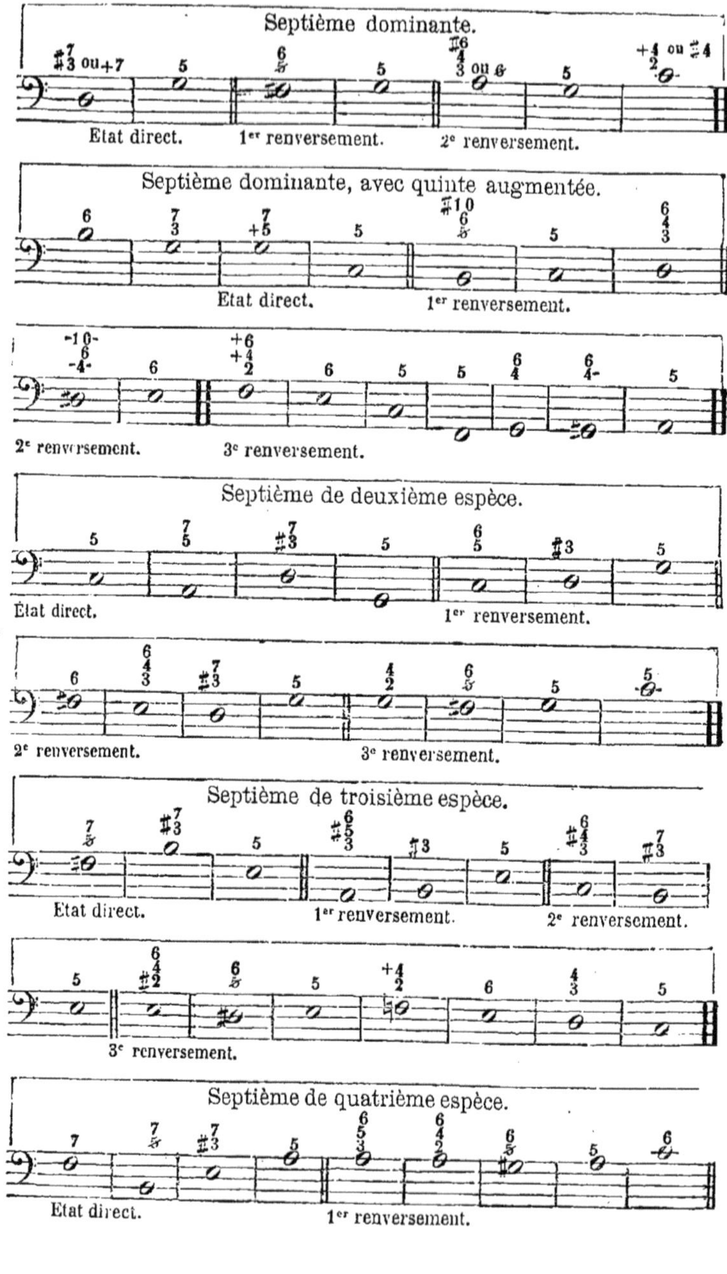

Septième dominante.
Etat direct.
1er renversement.
2e renversement.
Septième dominante, avec quinte augmentée.
Etat direct.
1er renversement.
2e renversement.
3e renversement.
Septième de deuxième espèce.
État direct.
1er renversement.
2e renversement.
3e renversement.
Septième de troisième espèce.
Etat direct.
1er renversement.
2e renversement.
3e renversement.
Septième de quatrième espèce.
Etat direct.
1er renversement.

(*) On met la tierce à la dixième afin de rendre l'accord plus harmonieux.

FIN DU PREMIER LIVRE.

LIVRE SECOND.

CHAPITRE I.

DES CADENCES HARMONIQUES ET DES DEUX TRANSITIONS.

§ 1. DES CADENCES.

32. On donne le nom de *cadences* à différentes manières de *ponctuer* l'harmonie, c'est-à-dire que, par l'emploi de certains accords directs ou renversés, on imite la ponctuation grammaticale.

Il y a cinq espèces de cadences :

1° La *cadence parfaite* qui figure le *point final* (•), en faisant un repos absolu sur l'accord parfait.

2° La cadence *imparfaite*, qui figure la *virgule* (,), lorsqu'elle fait un petit repos sur la tierce de la tonique de l'accord parfait; et qui figure les deux points (:), lorsqu'elle fait un repos sur l'accord parfait de la dominante de l'un ou de l'autre des deux modes.

3° La *cadence évitée*, qui s'exprime par un repos passager sur l'accord de sixte ou $\frac{6}{5}$ ou $\frac{6}{3}$ ou 7. Elle figure le point et virgule (;).

4° La *cadence rompue*, qui fait un repos absolu sur un accord parfait relatif, mais le plus souvent étranger au ton naturellement attendu. Elle figure, dans le premier cas, les petits points suspensifs (• • • • •), et, dans le second cas, le point d'admiration (!).

5° La *cadence plagale*, qui consiste, après avoir fait entendre l'accord parfait de la tonique principale, à poser sur le quatrième degré du ton l'accord parfait majeur ou mineur, suivi du retour immédiat à l'accord parfait majeur ou mineur du ton dans lequel le morceau est écrit. Cette cadence, par l'indécision qu'elle jette sur la tonalité générale, figure aussi les points de réticence si employés dans les ouvrages de la littérature romantique moderne. C'est à cause de ce vague, que la *cadence plagale* s'emploie de préférence dans la musique religieuse.

Les quatre premières cadences ne se dessinent nettement qu'après l'audition de l'accord parfait majeur de la dominante du ton principal ou de celui dans lequel on désire moduler. La seule cadence plagale (la cinquième) ne se dessine, ainsi que cela a été dit plus haut, qu'après l'audition de la tonique attendue. Il y a plusieurs formules de cadences, en voici des exemples variés :

A. *Cadence parfaite.*

Premier degré, quatrième degré, cinquième degré, tonique finale.

B. *Cadence imparfaite.*

Premier degré, quatrième degré, troisième degré, ou cinquième degré.

C. *Cadence évitée.*

Premier degré, quatrième degré, cinquième degré, quatrième degré ou sixième degré, altérés ou non.

D. *Cadence rompue.*

Premier degré, quatrième degré, cinquième degré, sixième degré portant l'accord parfait mineur principal relatif, ou sixième degré abaissé d'un demi ton, portant également l'accord parfait toujours majeur.

E. *Cadence plagale.*

Premier degré, quatrième degré, cinquième degré.
Retour au premier degré. — Quatrième degré, premier degré.

Enfin, l'on peut aussi employer la formule suivante : premier degré, sixième degré, quatrième degré, cinquième degré, suivi du degré qui exprime l'espèce de cadence que l'on veut mettre en œuvre.

PRATIQUE MUSICALE ET HARMONIQUE DES CINQ CADENCES
D'APRÈS LEURS FORMULES.

A. Cadence parfaite.
B. Cadence imparfaite.

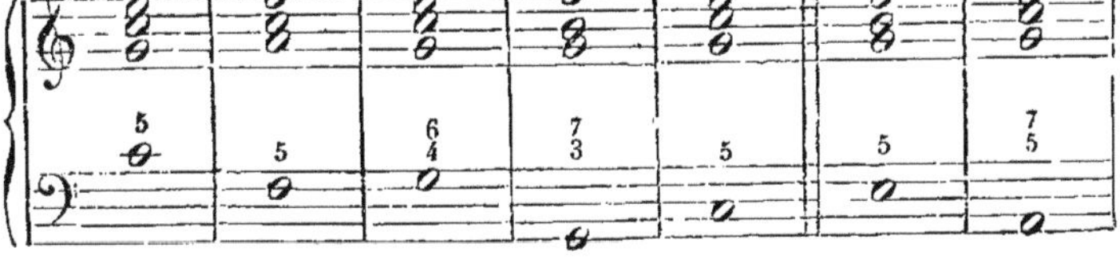

Sur la tierce.　　　　*Idem* sur la dominante.

C. Cadence évitée.

D. Cadence rompue.

E. Cadence plagale.

Les élèves réaliseront cette leçon aux deux autres positons. — Ils devront aussi la transposer dans différents tons.

§ 2. DES DEUX TRANSITIONS.

33. On fait une transition en passant dans un ton sans employer la formule usitée pour la cadence parfaite. La transition est de deux espèces : simple et composée.

34. La *transition simple* se produit en terminant au majeur synonyme lorsque le ton mineur était attendu. — La *transition composée* lie le ton nouveau au ton ancien par une note commune; mais il faut que le ton nouveau soit éloigné de l'ancien, afin que la transition de cette espèce soit plus sentie.

35. L'accord parfait peut, au moyen d'une de ses trois notes tenue produire une transition particulière. Cette transition peut être faite sur un accord parfait à l'état direct ou non renversé, ou sur la dominante du même accord portant $^6_4$, suivie de la septième de dominante et terminant sur la tonique nouvelle.

Emploi des deux transitions.

A. Transition simple.

On pourrait également terminer dans le ton mineur synonyme du ton majeur, mais l'effet serait beaucoup moins brillant.

B. Transition composée.

Par l'octave.   Par la tierce.

Par la quinte.

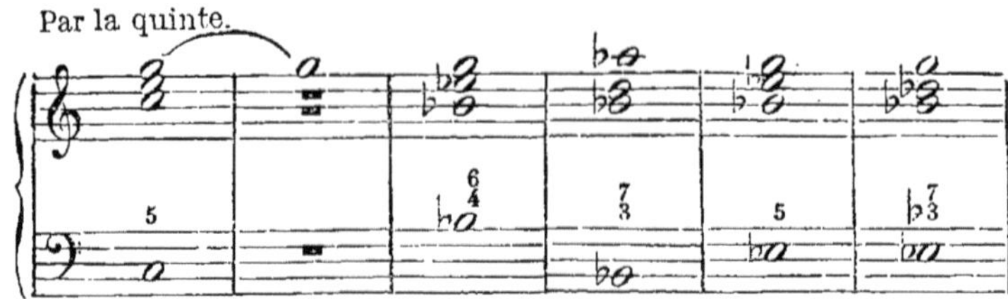

Les élèves réaliseront cette leçon aux deux autres positions.

36. Au moyen de la quinte augmentée, résolue irrégulièrement on produit de charmantes transitions composées.

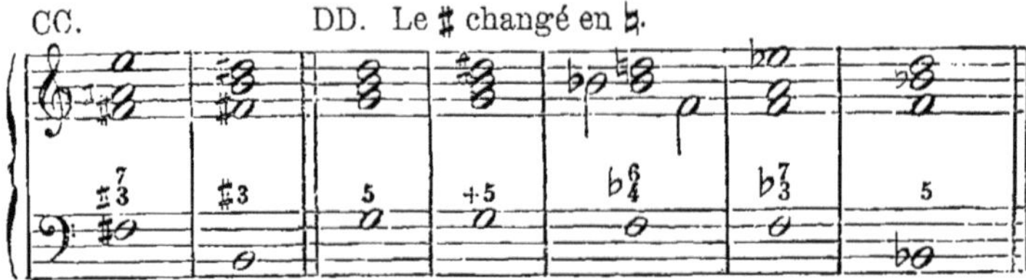

EE. Le ♯ changé en ♭ sans changer de touche sur le piano.

On voit, par l'analyse de ces différentes transitions, que la formule de la cadence parfaite apparaît toujours à la fin de chacune d'elles, afin que le ton nouveau dans lequel on module soit accusé avec franchise.

Cette formule de cadence parfaite a sa raison d'être dans une particularité toute naturelle et qui mérite d'être exposée ici d'une façon détaillée.

Les trois sons qui forment la cadence parfaite sont, on l'a vu plus haut, la tonique, la sous-dominante et la dominante ; or, ces trois sons que l'on nomme avec tant de raison les *trois sons générateurs,* renferment en eux la tonique, la tierce sonnant à la dixième et la quinte.

Tierces à la dixième :   MI (3)   LA (6)   SI (7).

Quintes : . . . .   SOL (5)   UT (8)   RÉ (2).

Sons générateurs. . .   UT (1)   FA (4)   SOL (5).

Rétablissez les sons chiffrés dans l'ordre de ceux de la gamme d'*ut,* et vous aurez la succession diatonique de ce type de la gamme majeure. Or, en faisant la formule de la cadence parfaite on résume toute la gamme du ton dans lequel un morceau est écrit ; et c'est pour cette raison que chacun est, à son insu, frappé de cette formule dont les Italiens usent continuellement. Les compositeurs, afin de la rajeunir, font des périphrases harmoniques, mais, s'ils en rajeunissent la forme, ils ne peuvent en altérer le fond sous peine de ne pas conclure naturellement, ou tonalement.

CHAPITRE II.

DE LA PARTITION VOCALE.

37. La partition vocale classique s'écrit sur quatre portées réunies par une grande accolade.

Le soprano, le contralto, le ténor et la basse concourent à sa formation.

On écrit le soprano sur la clef d'*ut* première ligne, ou sur la clef de *sol* seconde ligne. Voici l'étendue ordinaire du soprano :

2

Le contralto, dont voici l'étendue ordinaire, s'écrit sur la clef d'*ut* troisième ligne. On le remplace souvent par le second soprano, qui alors s'écrit soit en clef d'*ut* première ligne, soit en clef de *sol* seconde ligne.

Le ténor, dont voici l'étendue, s'écrit sur la clef d'*ut* quatrième ligne. Beaucoup de compositeurs, pour venir en aide à l'ignorance de certains amateurs, écrivent pour cette voix en clef de *sol* se chantant à l'octave inférieure du diapason réel de la clef·

Le second ténor, espèce de baryton sans sonorité, s'écrit également en clef d'*ut* quatrième ligne. Son étendue est moins grande que celle du premier ténor. Il peut donner l'*ut* grave et ne doit pas dépasser le *fa* superieur.

La basse ainsi que le baryton, s'écrivent sur la clef de *fa* quatrième ligne.

Voici l'étendue de ces deux voix :

38. Le moyen le plus prompt de se familliariser à écrire dans toutes les clefs, consiste à écrire le nom des notes au-dessus de chacune d'elles, lorsque l'on compose une leçon mise en partition vocale.

Exemple : réalisation à quatre parties vocales avec le   nom des notes écrit au-dessus de chacune d'elles.

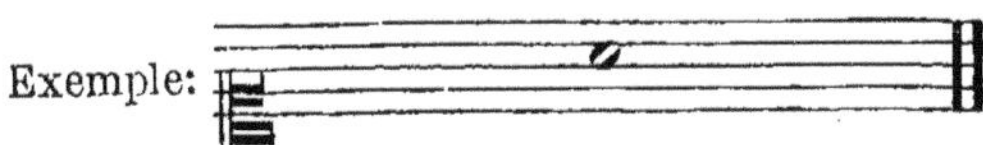

39. L'intensité sonore d'une note écrite dans toutes les clefs, mais en laissant cette note sur la ligne ou l'interligne de la portée primitivement choisie, est la même pour chacune des voix.

Exemple:

Le son *la,* chanté par la voix de soprano, exige la même intensité sonore que le son *ré,* chanté par le contralto, que le son *si,* chanté par le ténor, et que le son *mi,* chanté par la voix de basse; quoique le contralto exécute le même son écrit une quarte plus bas, le ténor une septième, et enfin la basse, une onzième inférieure.

Quinte inférieure au soprano.

Septième inférieure au soprano.

Onzième inférieure au soprano.

40. Voici l'unisson des *ut* des quatre clefs de la partition vocale.

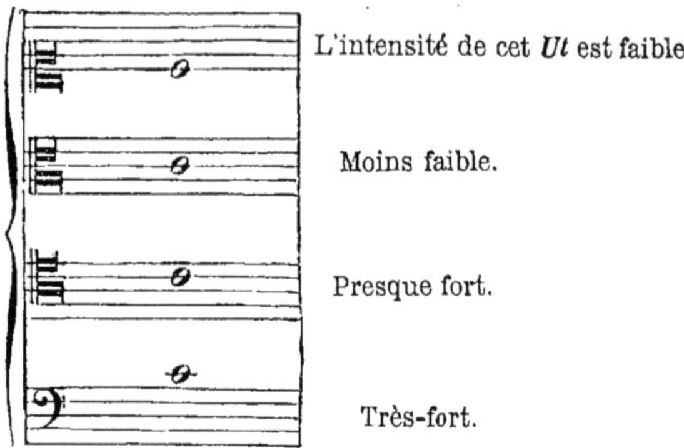

Les élèves, lorsqu'ils écriront dorénavant leurs devoirs en partition vocale, devront apporter beaucoup d'attention dans la distribution des parties, afin de ne pas amoindrir l'effet des accords en confondant les différentes espèces d'intensité sonore.

41. Cependant, il se présente certains cas où le *croisement* des parties est d'une absolue nécessité, afin d'éviter de commettre des fautes contre la pureté harmonique.

Exemple de croisements passagers entre les différentes parties.

42. Le croisement a lieu aussi , lorsque l'on veut donner plus de force à certaines notes des accords. Dans ce cas, on intervertit le rôle des parties en écrivant, par exemple, le contralto au-dessus du soprano , ou la basse au-dessus du ténor. Mais ces sortes de croisements doivent être assez courts.

43. Lorsque le quatuor vocal doit être exécuté par un soprano 1°, un soprano 2°, un ténor et une basse, on écrit le premier soprano en clef de *sol*, et le second soprano en clef d'*ut* première ligne. L'emploi de cette clef a lieu, parce que le second soprano a une plus grande étendue que le contralto.

CHAPITRE III.

DE LA RÈGLE DE L'OCTAVE.

44. On nomme ainsi la formule de chiffres qui se posent sur chacun des degrés de la gamme majeure et mineure, ascendante et descendante. Ce fut un musicien, nommé Delaire, qui, en 1710, publia le premier à Paris, la règle de l'octave, d'un secours efficace pour accompagner, redisons-le, non-seulement toute espèce de gammes, mais aussi de simples fragments de ces mêmes gammes.

Gamme majeure.

CHAPITRE IV.

DES MARCHES OU PROGRESSIONS HARMONIQUES.

45. C'est dans des successions de sons, marchant par seconde, tierce, quarte, quinte, sixte, etc., que l'on crée des marches ou progressions harmoniques. Une marche doit avoir au moins trois termes, ou trois emplois successifs des mêmes accords pour justifier ce nom. Elle est *simple*, lorsque les accords employés ne produisent pas de dissonances, et elle est *composée*, lorsque les accords qui la forment sont dissonants; de plus, on peut employer le style figuré ou d'imitation dans ces sortes de progressions.

Exemples de marches :

A. Marche 5, 6, 6. La basse montant par tierce.

etc.

B. Marche de 5 et 6 sur la gamme ascendante.

C. Marche 5 +5 5, la basse montant par quarte.

D. Marche 5 5, la basse montant par quinte.

E. Marche 5 5, la basse montant par sixte.

F. Marche 5 6, la basse montant par seconde.

G. Marche 9 8, la basse montant par quarte.

H. Marche 9 6, la basse montant par tierce.

I. Marche 9 3, la basse descendant par tierce.

NOTA. Dans ces exemples, la neuvième préparée retarde 1° l'octave (G), 2° la sixte (H) et 3° la tierce (I), (lire, par anticipation. le chapitre qui traite de la *Suspension*, Livre troisième, chapitre I.)

J. Marche 5, 6, la basse descendant par tierce et remontant par quarte.

L'illustre Chérubini a laissé un livre posthume sur les marches d'harmonie, qui a été publié par les soins de sa veuve. Ayant eu l'honneur d'écrire la préface de cet excellent ouvrage, nous le recommandons aux méditations des élèves studieux ; ils verront en l'étudiant ce qu'a pu créer ce beau génie scientifique sur la simple gamme, principe fondamental de toute espèce de marches.

Nous recommandons aussi à l'attention des élèves, les basses que Chérubini a écrites sous les gammes innombrables de la première méthode de violon du Conservatoire de Musique de Paris.

Les marches sont d'un grand secours pour ramener le motif principal d'une composition. Ordinairement, dans ce cas, on les fait sur la pédale de dominante. Exemples **A** et **B**.

A. Pédale dominante allant à la tonique.

B. Autre pédale de dominante, allant également à la tonique.

CHAPITRE V.

DE LA BASSE DONNÉE CHIFFRÉE (*).

46. C'est à quatre parties vocales, ainsi distribuées : soprano, contralto, ténor et basse que l'on réalise la basse chiffrée.

On consacre, ainsi que cela a été dit (§ 37), quatre portées à la partition vocale :

La première est remplie par le soprano, qui s'écrit en clef d'*ut* sur la première ligne.

La seconde est assignée au contralto, que l'on écrit en clef d'*ut* sur la troisième ligne.

La troisième partie est occupée par le ténor, que l'on écrit en clef d'*ut* sur la quatrième ligne.

Enfin la quatrième partie est celle sur laquelle la basse est écrite en clef de *fa* sur la quatrième ligne.

Modèle de basse chiffrée.

(*) Dans les concours, les élèves n'ont pas le droit de changer la chiffration, même partielle, de la basse qui leur est donnée à réaliser à quatre parties.

A. Première réalisation de la basse chiffrée précédente.

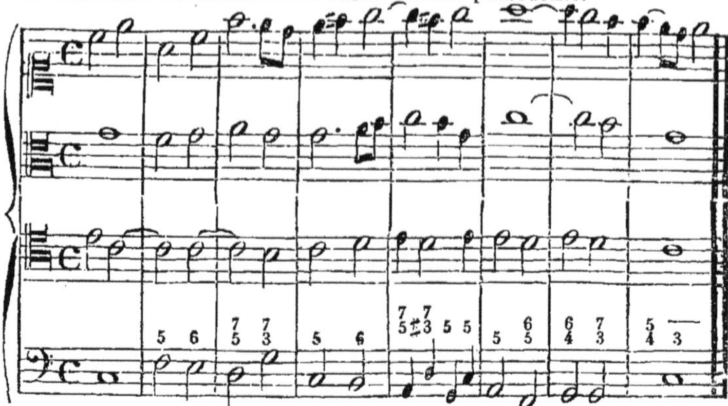

B. Deuxième réalisation de la même basse.

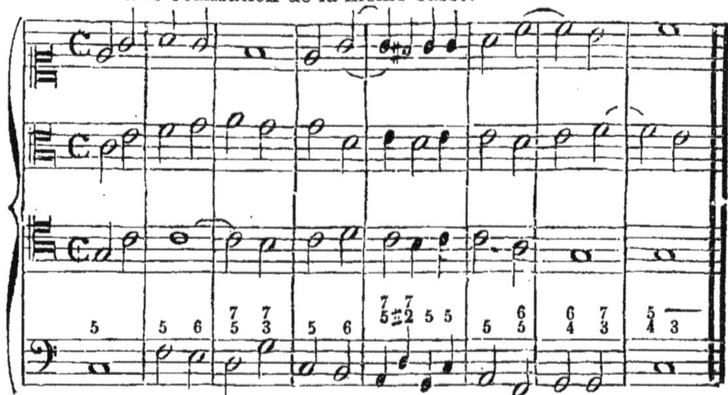

C. Troisième et dernière réalisation de la même basse.

Neuf basses chiffrées en différents tons, à réaliser trois fois chacune, en employant successivement et pour le seul accord de début , l'une des trois positions supérieures affectées à l'accord parfait. (*)

(*) L'accord parfait, ainsi que cela a été dit (§ 20), est à la première position supérieure, lorsque le soprano fait l'octave de la basse; — s'il fait la tierce, l'accord est à la seconde position,— et enfin si c'est la quinte, l'accord est à la troisième position. — Il est bien entendu que le soprano doit, pour prendre franchement une de ces trois positions, dominer effectivement les autres parties vocales.

(*) Le chiffre 5, placé au-dessus de la demi-pause, indique que malgré le silence, l'accord supérieur doit être celui de la tonique.

Ces basses chiffrées doivent d'abord être réalisées sur les deux portées du piano (clef de *sol* et clef de *fa*), puis on les met à quatre parties séparées, afin d'écrire la partition vocale.

(*) Cette tenue de la tonique principale est une véritable pédale (*voir* le chap. I du livre troisième). Le *si* ♯ est un *ut* bécarre, et la septième (*la* ♯ de la partie haute) une appogiature (*voir* le chap. III du même livre), qui se change en sixte augmentée. C'est comme si l'auteur avait écrit :

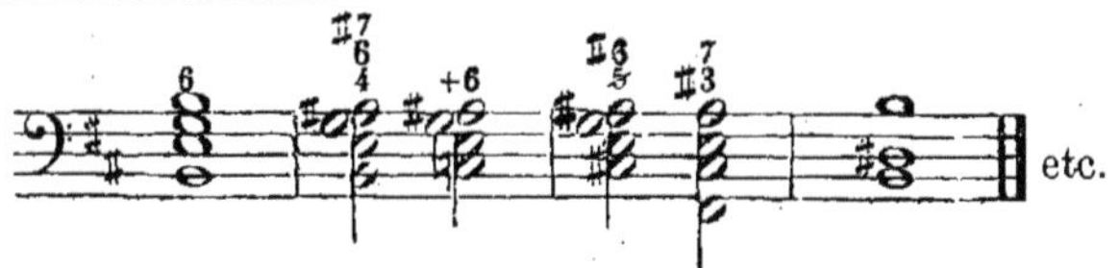

FIN DU DEUXIÈME LIVRE.

LIVRE TROISIÈME.

CHAPITRE I.

DES TEMPS FORTS ET FAIBLES.

POSITION DES SIX ESPÈCES DE NOTES DE PASSAGE SUR CES MÊMES TEMPS.
EXERCICES SUR LES NOTES DE PASSAGE.

47. Les trois mesures types, à deux, à trois et à quatre temps, sont formées de temps forts et faibles.

Le temps *fort* par excellence est celui qui commence n'importe quelle espèce de *mesure*.

Le second temps est *faible*, le troisième est fort, mais avec moins d'intensité que le premier du même genre ; et le quatrième est aussi plus faible que le second, son co-genère.

Si le mouvement est très-lent on peut subdiviser chacun des temps forts et faibles en deux petits temps forts et faibles. Dans les mouvements très-vifs, tels que celui du *scherzo*, par exemple, qui semble ne se battre qu'à un temps, quoique la clef soit armée des chiffres $\frac{3}{4}$, le premier temps, le frappé, est seul fort, les deux autres sont faibles.

Mais un *Adagio*, écrit à $\frac{3}{4}$ ou à quatre temps, peut avoir tous ses temps *forts* ; on subdivise alors chacun en autant de petits temps forts et faibles qu'on le désire.

Les temps forts et faibles de la mesure sont différemment affectés par chaque espèce de notes de passage qui, on le sait, sont au nombre de six.

48. Ainsi : 1° La *Note de passage simple* se place sur le temps faible.

2° L'*Appogiature* se place sur le temps fort.

3° L'*Anticipation* se place sur l'extrémité du temps faible.

4° La *Syncope* se place sur le temps faible où elle se prépare ; produit son effet dissonant, passager sur le temps fort, et continue sur le temps faible suivant. — Ce qui, en contractant la mesure, produit l'effet spécial à cette note de passage si expressive.

5° La *Suspension* se prépare sur le temps faible, produit son effet sur le temps fort, et se résout en continuant sur le temps faible suivant.

6° La *Pédale* se place sur le temps fort et se prolonge sur les temps faible et fort suivants — elle doit d'abord consonner sur le premier temps fort de la mesure initiale du morceau. Voici une cadence parfaite sur laquelle les six notes de passage sont employées dans l'ordre successif de leur nomenclature.

I. Notes de passage simples (*).

II. Appogiatures.

III. Anticipations.

(*) La croix indique l'espèce particulière de chaque note de passage.

IV. Syncopes.

V. Suspensions.

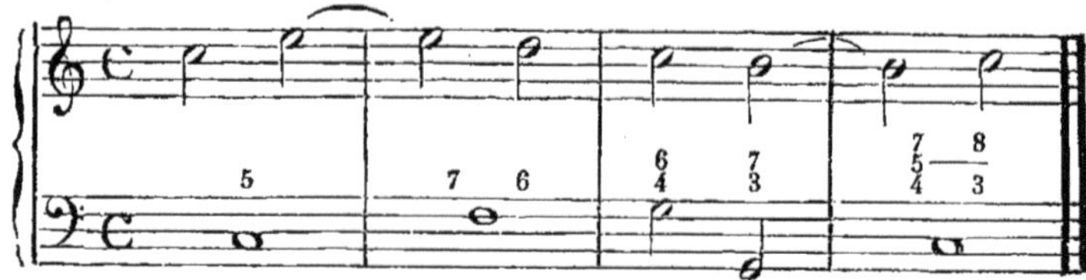

VI. Pédale inférieure. (*)

CHAPITRE II.

DE L'UNISSON PARTIEL ET GÉNÉRAL.

49. Dans la musique d'un style libre, on emploie l'artifice de l'unisson partiel ou général. Il ne faut pas confondre cette espèce de repos de l'harmonie avec le redoublement à l'unisson ou à l'octave d'une mélodie entre quelques-unes des parties hautes ou chantantes, ou entre les différentes espèces de parties graves d'une partition militaire ou civile. L'unisson partiel a lieu quelquefois entre l'une des parties hautes et la basse. Dans ce cas, les parties intermédiaires complètent l'harmonie. Si l'unisson est général, il

____

(*) L'harmonie supérieure est la même que celle qui accompagne les cinq espèces de notes de passage précédentes.

faut que la phrase mélodique ait une certaine noblesse. En somme, l'emploi de l'unisson général donne beaucoup d'effet à la rentrée de l'harmonie, surtout s'il est de courte durée, et s'il ne reparaît qu'après quelques mesures d'interruption. C'est le bon goût des compositeurs, les exigences de l'expression du morceau, son caractère particulier qui doivent déterminer l'emploi judicieux de l'unisson. Les œuvres des grands maîtres offrent à chaque page des exemples sublimes de l'emploi de l'unisson partiel ou général. Vers la péroraison d'un morceau, un trait rapide à l'unisson peut produire un grand et chaleureux effet. Il contraste d'une manière très-tranchée avec le *tutti* harmonique dont il a préparé l'explosion.

CHAPITRE III.

RÉALISATION DES SIX ESPÈCES DE NOTES DE PASSAGE ET DE L'UNISSON PARTIEL ET GÉNÉRAL.

Voici, pour terminer, une succession de mélodies composées de façon à ce que chacune d'elles met en œuvre une des six notes de passage et l'unisson partiel et général.

Nº 1. Notes de passage simple (*).

(*) Il est interdit, sous peine d'être mis hors de concours, de changer une ou plusieurs notes de la mélodie donnée à réaliser à quatre parties par la Commission d'Examen.

N⁰ 2. Appogiatures.

N⁰ 3. Anticipations.

N⁰ 4. Syncopes.

Nº 5. Suspensions.

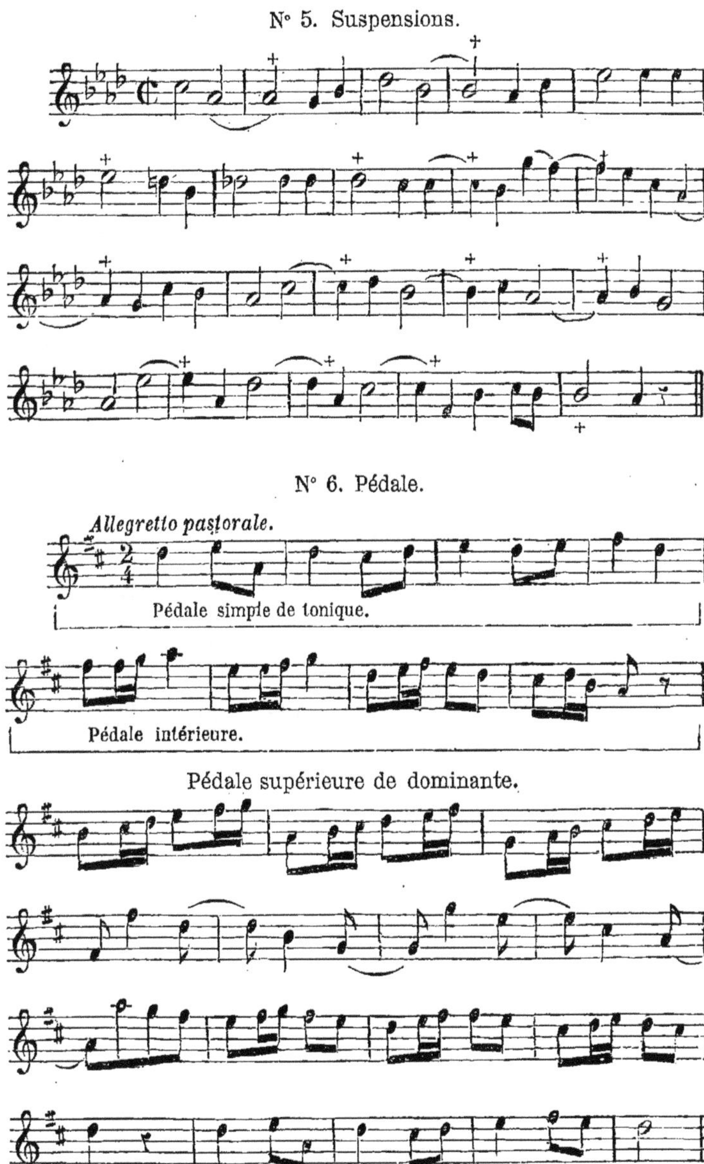

Nº 6. Pédale.

Pédale supérieure de dominante.

N° 7. Unisson.

Les élèves accompagneront ces différentes mélodies d'une simple basse chiffrée ; mais pour y parvenir avec succès, ils devront étudier avec beaucoup de soin le livre suivant.

FIN DU TROISIÈME LIVRE.

LIVRE QUATRIÈME.

CHAPITRE I.

DE L'ART D'ÉCRIRE LA BASSE SOUS UN CHANT DONNÉ,

50. Pour parvenir à bien écrire la basse sous un chant donné, et par suite à l'accompagner avec effet, il faut avoir égard à son caractère général, au mouvement indiqué par l'auteur, et le scinder de quatre en quatre mesures, parce qu'il y a toujours un sens plus ou moins complet après cette division.

On verra plus loin que les prescriptions officielles du concours exigent des prétendants à l'emploi de chef de musique militaire, l'accompagnement à trois parties vocales d'un chant donné. Comme tous ceux qui se trouvent dans la première classe d'aspirants, doivent parfaitement connaître l'harmonie et son application intelligente, nous ne nous étendrons pas très-longuement sur ce chapitre, nous contentant de donner quelques exemples notés, précédés de considérations générales sur l'art de trouver la basse d'un chant donné et d'en réaliser l'harmonie.

Si le chant donné est bien fait, il doit être formé de périodes, de membres de phrases principaux et incidentels; de plus il doit poser clairement le ton dans lequel il est écrit; moduler sobrement en ne parcourant que les degrés de la gamme qui lui est naturelle, tels que ceux de quinte, de sixte, et plus rarement de seconde et de tierce, lorsque le ton principal est majeur. — Si le chant donné est écrit en mineur, il parcourra le 3e degré, le 5e avec tierce majeure et se résoudra au 1er degré pour terminer soit en mineur soit en majeur synonyme, ce qui rend très-brillante la péroraison d'une mélodie.

CHAPITRE II.

ANALYSE PHRASÉOLOGIQUE DE DEUX CHANTS DONNÉS,

L'UN EN MAJEUR ET L'AUTRE EN MINEUR.

(*) Chaque repos absolu est indiqué par le nom de la note fondamentale qui doit être placée à la basse.

Voici ces deux chants donnés réalisés à quatre parties vocales :

tr

Allegretto.
SOPRANO.
CONTRALTO.
TÉNOR.
BASSE.
tr

Voici pour terminer ce chapitre, quelques chants donnés que les aspirants devront accompagner après les avoir analysés avec attention.

3. Andantino.
P
F
F
4 Andantino.
François Bazin.
P
dolce

cresc.
fz
P
5
Georges
Kastner.
Andantino moderato.
3
a tempo
6
Ambroise
Thomas.
Allegretto.
tr

Ces chants pourront être arrangés pour musique militaire. — Afin de leur donner plus d'effet, les élèves devront les scinder, c'est-à-dire confier à tour de rôle un membre de phrase à tel instrument qui leur paraîtra le plus convenable, et tel autre membre de phrase à tel autre instrument. Cette variété dans l'emploi des timbres de l'orchestre y répand un très-grand charme. De plus, la mélodie peut être doublée à l'octave par deux ou trois instruments différents : c'est au bon goût à faire l'emploi des instruments solos convenables, et le caractère de la mélodie doit déterminer ce choix.

FIN DU QUATRIÈME LIVRE.

LIVRE CINQUIÈME.

PETIT TRAITÉ D'INSTRUMENTATION MILITAIRE

CHAPITRE I.

COUP D'ŒIL GÉNÉRAL. — NOMENCLATURE DES INSTRUMENTS

D'APRÈS LA NOUVELLE ORDONNANCE.

Musique d'Infanterie.

Nous allons donner aux élèves des détails sur chacun des instruments qui, d'après le décret impérial, forment l'orchestre militaire actuel.

Nous ne pouvons initier nos lecteurs à des détails minutieux qui augmenteraient inutilement cet ouvrage déjà volumineux; mais ce que nous dirons de chacun des membres de la grande famille instrumentale suffira pour guider les élèves dans leurs essais d'instrumentation, surtout si, appartenant à l'armée, ils sont journellement à même d'observer, presque à leur insu, les différents caractères et le mode d'emploi de tous les intruments.

Disons d'abord que la nouvelle et récente composition instrumentale de la musique de la Garde Impériale, due, ainsi que celle des autres corps de l'armée, à M. Adolphe Sax, vient d'ouvrir un champ très-étendu à l'inspiration des musiciens, tout en créant aux artistes de talent une position que le bienfait des concours annuels offre à leur juste ambition. Grâce à la nouvelle instrumentation, ils peuvent donner à leurs pensées la couleur guerrière et *enlevante*, que l'ancien système, avec sa forêt d'instruments de bois, ne pouvait produire.

4

Nomenclature des Instruments.

La nouvelle organisation ministérielle est divisée en deux séries. la première est affectée aux troupes à pied ; et la seconde aux troupes à cheval.

La première possède la batterie complète des instruments de percussion, tandis que la seconde en est privée complétement (*).

On divise la musique des gardes à pied en cinq catégories :

1ʳᵉ *catégorie* — Instruments de bois : flûtes, petite et grande ; clarinette ; hautbois.

2ᵉ *catégorie.* — Instruments de cuivre : saxophone soprano, *idem.* alto, *id.* ténor, *id.* baryton ou basse.

3ᵉ *catégorie.* — Cornet à pistons, ou à cylindres ; trompette à cylindres ; trombones.

4ᵉ *catégorie.*—Petit saxhorn, soprano, *id.* contralto ; *id.* tromba, *id.* baryton, *id.* basse, *id.* contrebasse en *mi* ♭, *id.* contrebasse grave en *si* ♭.

5ᵉ *catégorie.* — Instruments de percussion ou *batterie ;* grosse caisse, cymbales, tambours.

La musique à cheval est de beaucoup moins nombreuse. En voici le détail succinct :

1ʳᵉ *catégorie.* — Petit saxhorn aigu, en *si* ♭, *id.* en *mi* ♭ ; saxhorn contralto en *si* ♭, *id.* alto en *la* ♭. Saxtromba alto en *mi* ♭, *id.* baryton en *si* ♭, *id.* contrebasse en *mi* ♭, *id.* contrebasse grave en *si* ♭.

2ᵉ *catégorie.* — Cornet à pistons ou à cylindres ; trompette à cylindres ; trombones à cylindres.

On verra au tableau officiel formant un paragraphe important de l'Appendice, quel est le nombre d'exécutants affectés à chacun de ces instruments.

§ I.

DE LA PETITE FLUTE ET DE LA GRANDE FLUTE EN RÉ BÉMOL.

La petite flûte a un caractère brillant, vif et gai. Les traits chromatiques, les trilles, les fusées lui conviennent parfaitement ; un

---

(*) Par exception, la musique des Guides et de quelques régiments emploient les timballes, mais ordinairement au repos.

trille prolongé de petites flûtes jette beaucoup de brio dans l'instrumentation.

La petite flûte, ainsi que tous les autres instruments de l'orchestre militaire moderne, le hautbois et les trombones exceptés, s'écrit ostensiblement sur une clef, tandis que réellement, le compositeur note dans une autre clef. Il est bien entendu, une fois pour toutes, que lorsqu'un instrument aigu emploie une clef dont le diapason est grave, ce même instrument aigu n'exécute pas dans le diapason grave, mais bien dans celui qui lui est naturel. — La même observation est faite pour les instruments plus ou moins graves qui sont écrits en employant ostensiblement une clef dont le diapason est plus aigu (*).

Voici l'étendue de la petite flûte :

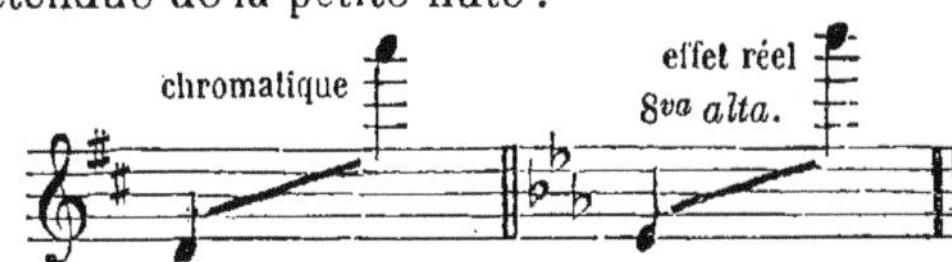

On transpose en clef d'*ut* 3ᵉ ligne, mais on écrit en clef de *sol* 2ᵉ ligne. Quelquefois la petite flûte s'écrit à deux parties.

Voici l'étendue de la grande flûte :

La faiblesse du timbre de cet instrument oblige à ne l'employer que dans les morceaux d'un caractère doux et d'un mouvement modéré. On lit réellement en clef de *sol* la musique de la flûte en *ut*.

On écrit ordinairement pour deux grandes flûtes.

§ II.

DE LA PETITE CLARINETTE EN MI ♭

Cet instrument, dont l'étendue est plus grande que celle de la petite flûte, remplit un rôle très-actif dans l'instrumentation militaire. Il a un caractère brillant et gai. Il joue très-souvent à l'u-

---

(*) Les élèves ne devront pas écrire les instruments dans leur région la plus élevée, mais généralement dans une portée moyenne.

nisson de la petite flûte, mais il a une ampleur de son plus grande et un timbre plus expressif dans le médium surtout.

Voici l'étendue de la petite clarinette :

On transpose en clef de *fa* sur la 4e ligne, mais on écrit en clef de *sol* 2e ligne.

Souvent on écrit pour deux petites clarinettes.

§ III.

DE LA CLARINETTE SOPRANO EN SI♭.

Cet instrument que Müller perfectionna vers 1825 a, depuis cette époque, subi de nouvelles modifications. — La clarinette, dans le grave (le chalumeau) est solennelle, tandis que dans le médium elle est tendre, et brillante à l'aigu.

Voici son étendue :

On se sert de la clef de *sol* 2e ligne, mais on transpose en clef d'*ut* sur la 4e ligne; on écrit soit pour deux, soit pour quatre clarinettes, divisées en deux portées distinctes pour deux parties différentes; et même, il arrive très-souvent, dans le *solo* surtout, que la première clarinette récite, tandis que les trois autres font entendre chacune une note différente.

§ IV.

DU HAUTBOIS. EN UT ET EN RÉ ♭.

Agreste et expressif tout à la fois, le hautbois figure surtout avec avantage dans les morceaux d'un mouvement modéré et d'une expression pastorale. Si, dans les *tutti* formidables de l'orchestre militaire, il est souvent annihilé, dès qu'une éclaircie se fait dans

l'instrumentation, le hautbois semble donner de l'air et de la fraî-
cheur à l'harmonie.

Voici son étendue :

En *ut*, on l'écrit réellement en clef de *sol* sur la 2ᵉ ligne et à deux
parties, sans transposer, mais en *ré* ♭ on l'écrit en clef d'*ut* 3ᵉ ligne
en n'employant la clef de *sol* qu'ostensiblement.

§ V.

DU SAXOPHONE SOPRANO EN SI♭, ALTO EN MI♭, TÉNOR EN SI♭,
BARYTON EN MI♭ OU BASSE. (1)

Le saxophone soprano en *si* ♭ exécute la mélodie. Il est expressif
et brillant tout à la fois ; son étendue, quoique limitée, permet de
lui confier toute espèce de chants du caractère le plus opposé.

Voici son étendue :

On transporte en clef d'*ut* 4ᵉ ligne, quoiqu'ostensiblement on
emploie la clef de *sol* 2ᵉ ligne.

Le saxophone-alto en *mi* ♭ est le second-dessus naturel du précédent. — Il lie l'harmonie à l'instar de l'alto-viola de l'orchestre
civil.

Voici son étendue :

---

(1) Inventée en 1846 par Adolphe Sax, les services que cette famille d'instruments rend, non-seulement dans les musiques de régiment, mais aussi dans
celles des plus petites communes sont incalculables.

Quoiqu'ostensiblement écrit en clef de *sol* 2ᵉ ligne, on se sert réellement de la clef de *fa* 4ᵉ ligne.

Le saxophone-ténor en *si* ♭ est un véritable violoncelle. Dans le grave et le médium, il est plein de noblesse; à l'aigu il a des sons qui produisent un effet presqu'identique avec ceux que l'on obtient sur la chanterelle du violoncelle. C'est enfin au saxophone-ténor que le compositeur confiera les récits et les mélodies d'un caractère expressif et religieux.

Voici son étendue :

On se sert de la clef de *sol* 2ᵉ ligne, mais on transpose en clef d'*ut* 4ᵉ ligne.

Le saxophone-baryton ou basse en *mi* ♭, est, ainsi que son titre l'indique, un instrument grave d'accompagnement. Cependant, dans les grands traits de basse d'une certaine rapidité, il remplace, avec avantage, l'ophicléïde aux sons rauques et traînants.

Voici son étendue :

Tous ces saxophones s'écrivent chacun à une ou deux parties.

§ VI.

DU CORNET A PISTONS OU A CYLINDRES.

Le timbre incisivif de cet instrument, la faculté qu'il possède de pouvoir rendre les traits les plus variés, lui assigne un rôle très-actif dans la musique militaire.

Voici son étendue en *si* ♭.

Il se transpose en clef d'*ut* sur la 4ᵉ ligne, quoiqu'il s'écrive ostensiblement en clef de *sol* 2ᵉ ligne.

On écrit toujours pour deux parties de cornets à pistons ou à cylindres.

§ VII.

DE LA TROMPETTE A CYLINDRES EN MI♭.

Tout en reconnaissant la supériorité de cette nouvelle trompette sur l'ancienne, sous le rapport de la facilité de l'exécution et des ressources de l'instrument, on ne saurait s'empêcher de regretter le timbre âpre et guerrier de la trompette droite ou d'ordonnance qui lui a été sacrifiée.

Voici son étendue.

On se sert ostensiblement de la clef de *sol* sur la 2ᵉ ligne, mais on transpose en clef de *fa* sur la 4ᵉ ligne.

On écrit pour quatre trompettes accouplées sur deux portées distinctes l'une de l'autre.

§ VIII.

DES TROIS TROMBONES.

Il y a trois espèces de trombones : alto, ténor et basse. Autrefois on écrivait le premier trombone en clef d'*ut* sur la 3ᵉ ligne, le second en clef d'*ut* sur la 4ᵉ ligne et le troisième en clef de *fa* sur la 4ᵉ ligne. Comme, dans les orchestres militaires, on emploie quatre trombones, on écrit le premier sur une portée supérieure et les trois autres sur une seule et même portée. La clef d'*ut* 4ᵉ ligne est employée pour lé premier, et la clef de *fa* 4ᵉ ligne pour les trois autres

Ces instruments ne se transposent pas.

Voici leur étendue :

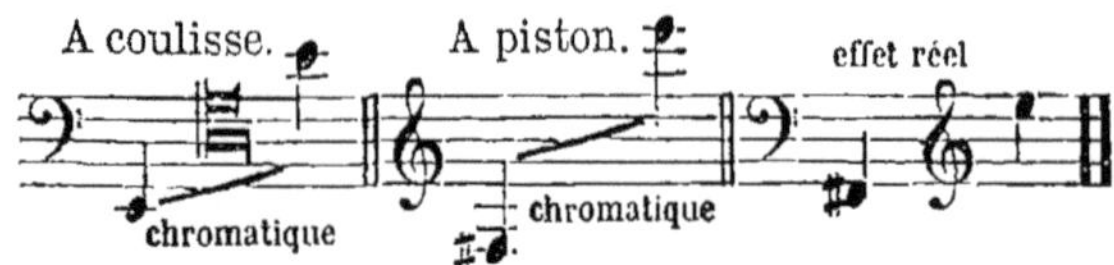

Avec l'instrument construit d'après le système de Sax, à coulisse et à un piston, on a quatre notes graves en plus qu'en employant celui de l'ancien système. On peut le mettre en *si* ♭ au moyen d'une pompe de rechange.

§ IX.
DU PETIT SAXHORN SOPRANO EN MI ♭,
ET DU SAXHORN CONTALTO EN SI ♭.

Le petit saxhorn soprano en *mi* ♭ est très-mordant, son timbre a un éclat extraordinaire.

Voici son étendue :

On écrit ostensiblement en clef de *sol* 2ᵉ ligne, mais on transpose en employant la clef de *fa* sur la 4ᵉ ligne.

Le saxhorn contralto en *si* ♭ a le son plus moelleux que celui du précédent. Aussi, est-il employé de préférence pour les solos.

Voici son étendue :

On transpose en clef d'*ut* 4ᵉ ligne, quoiqu'on emploie ostensiblement la clef de *sol* 2ᵉ ligne ; lorsque l'instrument est en *fa*, on transpose en clef d'*ut* 2ᵉ ligne, en employant toujours ostensiblement la clef de *sol* sur la 2ᵉ ligne.

§ X.

DES SAXOTROMBAS-ALTO OU TÉNOR EN MI♭; — BARYTON EN SI♭, — BASSE EN SI♭. — CONTREBASSE EN MI♭, — CONTREBASSE GRAVE EN SI♭

Le *saxotromba-alto* ou *ténor* en *mi♭*, remplit le rôle du violoncelle des instruments à archet, et, comme l'alto-viola, il fait les tenues qui lient l'hamonie. Il remplace les cors supprimés.

Voici son étendue :

Quoiqu'écrit en clef de *sol* 2e ligne il se transpose en clef de *fa* 4e ligne.

Le *saxotromba-baryton* en *si♭*, double souvent le précédent à l'octave ; et joue à l'unisson du saxotromba-basse dont il va être parlé.

Voici son étendue :

On le transpose en clef d'*ut* 4e ligne, mais on l'écrit ostensiblement en clef de *sol* 2e ligne. Il remplace les ophicléïdes supprimés.

Le nom de *saxotromba-basse* en *si♭* indique assez sa destination.

Voici son étendue :

Tranposé en clef d'*ut* 4e ligne, il s'écrit ostensiblement en clef de *sol* 2e ligne.

Le *saxotromba-contrebasse* en *mi♭*, fait les grosses notes de l'harmonie. Cependant, il peut exécuter de ces grands traits de basse qui produisent tant d'effet dans les *tutti* splendides de la péroraison des morceaux d'harmonie militaire.

Voici son étendue :

On le transpose en clef de *fa* 4ᵉ ligne quoiqu'on l'écrive ostensiblement en clef de *sol*.

Le saxhorn-contrebasse grave en *si* ♭ ne peut exécuter des traits rapides, à cause du volume d'air à déplacer qu'il exige pour être mis en vibration. Il représente le seize-pieds de l'orgue (espèce de jeu très grave).

Voici son étendue :

On écrit ostensiblement en clef de *sol* 2ᵉ ligne, mais on transpose en clef d'*ut* 4ᵉ ligne.

Ces différents saxotrombas et saxhorns ne s'écriront qu'à une seule partie ; pourtant on peut les écrire à deux parties chacun.

§ XI.

DE LA BATTERIE, COMPOSÉE DE LA GROSSE CAISSE, DES CYMBALES,
DU TAMBOUR OU CAISSE CLAIRE, DE LA CAISSE ROULANTE,
DU TRIANGLE ET DES TIMBALES

Tous ces instruments de percussion, les timbales exceptées, n'ont pas un son précis, ce sont des *bruits rhythmés* qu'ils produisent.

On écrit la grosse caisse et les cymbales en prenant la note *ut* de la clef de *fa* 4ᵉ ligne pour jalon rhythmique. Lorsque l'on désire que la grosse caisse joue *seule*, on indique cette intention par ces mots : *grosse caisse solo*. On agit de même à l'égard des cymbales. De plus, la grosse caisse peut exécuter une espèce de *tremolo* (tremblé) qui s'indique par le mot *tonnerre*, dont la note est surmontée.

Les timbales, qui dans la musique théatrale, religieuse et symphonique, donnent la tonique et la quinte de toute espèce de tons, ne donnent guère, dans la musique militaire, que la tonique et la dominante des tons de *mi* ♭ et de *si* ♭ (soit : *mi*♭ et *si*♭ pour la gamme du premier de ces deux tons, et *si* ♭ et *fa* pour celle du second). On les écrit en clef de *fa* 4ᵉ ligne sans transposer ; cependant plusieurs compositeurs anciens, et Mozart entre autres, écrivaient toujours les timbales en *ut sol,* quelque fût le ton différent choisi par eux : cela les obligeait à transposer la tonique et la quinte affectées aux timbales. Cet instrument peut exécuter le détaché, le trémolo ; quelquefois, pour redoubler la sonorité de l'effet particulier aux timbales, on fait frapper simultanément la tonique et la dominante.

Le tambour ou caisse claire, la caisse roulante (dont l'emploi est presque tombé en désuétude) ainsi que le triangle, s'écrivent en clef de *sol* 2ᵉ ligne. Leur mode d'emploi est trop connu pour qu'il soit nécessaire d'en parler plus longuement. Lorsque l'on veut obtenir un effet lugubre propre aux morceaux exécutés dans les pompes funèbres, on voile d'un crêpe les timbales, les tambours et la caisse roulante.

CHAPITRE II.

Musique de Cavalerie.

Le nombre des instruments de cette musique est beaucoup moins grand que celui de la musique d'infanterie.

On y emploie :

1. Un petit saxhorn aigu en *si*♭.

En voici l'étendue :

On le transpose en clef d'*ut* 4ᵉ ligne, et on l'écrit ostensiblement en clef de *sol* 2ᵉ ligne. On fera bien de l'écrire dans l'octave supérieure.

2. Deux petits saxhorns soprano en *mi* ♭. Etendue :

On les transpose en clef de *fa* 4e ligne mais ils s'écrivent ostensiblement en clef de *sol*.

3. Quatre saxhorns contralto en *si* ♭. Etendue :

Ils se transposent en clef d'*ut* 4e ligne, et s'écrivent ostensiblement en clef de *sol* 2e ligne.

4. Deux saxhorns alto en *la* ♭. Etendue :

Ils se transposent en clef d'*ut* 1re ligne.

5. Quatre saxotrombas altos en *mi* ♭. Etendue :

On transpose en clef de *fa* 4e ligne.

6. Deux saxotrombas baryton en *si* ♭. Etendue :

On tranpose en clef d'*ut* 4e ligne.

7. Quatre saxhorns basse en *si* ♭. Etendue :

On transpose en clef d'*ut* 4e ligne.

8. Deux saxhorns contrebasse en *mi* ♭. Etendue :

On transpose en clef de *fa* 4e ligne.

9. Deux saxhorns contrebasse en *si* ♭. Etendue.

On transpose en clef d'*ut* 4e ligne.

10. Deux cornets à pistons, ou à cylindres en *si* ♭ : Etendue :

On transpose en clef d'*ut* 4e ligne.

11. Six trompettes à cylindres en *mi* ♭. Etendue :

On transpose en clef de *fa* 4e ligne.

12. Six trombones. Etendue :

13. Un timbalier.

Voir le § XI du chapitre précédent.

CHAPITRE III.

DE LA FANFARE DES CHASSEURS A PIED.

Elle est composée de vingt clairons-sax en *si* ♭ ainsi divisés :

Cinq clairons soprano,

—   —   contralto,

—   —   alto-ténor,

—   —   baryton ou basse.

Au moyen d'une pièce de rapport à cylindres, qui s'ajoute à chacun des clairons-sax, ces instruments jouissent de la faculté chromatique, et l'on peut avec leur secours exécuter des morceaux de musique assez compliqués.

Alors quelques-uns d'entre eux subissent un changement de ton.

Le soprano change en *mi* ♭.

Le contralto continue à être en *si* ♭.

L'alto-ténor change en *mi* ♭.

Le baryton ou basse reste en *si* ♭ à l'octave basse.

Les clairons-sax, privés de la pièce de rapport exécutent à l'instar des clairons d'ordonnance (*), c'est-à-dire qu'ils n'ont pas la possibilité de faire même la gamme diatonique.

(*) Voici l'étendue du clairon :

CHAPITRE IV.

DE LA DISPOSITION DE LA PARTITION INSTRUMENTALE

DES MUSIQUES D'INFANTERIE ET DE CAVALERIE.

§ I.

PARTITION DE MUSIQUE D'INFANTERIE.

Voici dans quel ordre l'on dispose la partition instrumentale de la musique d'infanterie :

Petite et grande flûte en *ré* ♭.
Petite clarinette en *mi* ♭.
Première clarinette en *si* ♭.   Système Boëhm.
Deuxième clarinette en *si* ♭.
Hautbois en *ré* ♭.

Saxophones.
     Soprano en *si* ♭.
     Alto en *mi* ♭.
     Ténor en *si* ♭.
     Baryton et basse en *mi* ♭.

Premier cornet à pistons en *si* ♭.
Deuxième cornet à pistons en *si* ♭.
Première et deuxième trompettes en *mi* ♭.
Premier trombone.
Deuxième et troisième trombones.
Premier saxhorn contralto en *si* ♭.
Deuxième saxhorn contralto en *si* ♭.
Premier saxotromba alto en *mi* ♭.
Deuxième saxotromba alto en *mi* ♭.
Troisième saxotromba alto en *mi* ♭.
Premier saxhorn baryton en *si* ♭.
Deuxième saxhorn baryton en *si* ♭.
Saxhorn basse à quatre cylindres en *si* ♭.

Saxhorn contrebasse en *mi* ♭.
— contrebasse grave en *si* ♭.
Caisse claire ou roulante.
Grosse caisse.
Cymbales.

NOTA. — Si l'orchestre militaire accompagne un chœur, on place les parties vocales au-dessus de la basse à quatre cylindres.

§ II.

PARTITION DE MUSIQUE DE CAVALERIE

Voici la disposition de la partition de la musique de cavalerie :

Petit saxhorn aigu en *si* ♭.
Deux petits saxhorns soprano en *mi* ♭.
Premier saxhorn contralto en *si* ♭.
Deuxième saxhorn contralto en *si* ♭.
Troisième saxhorn contralto en *si* ♭.
Quatrième saxhorn contralto en *si* ♭.
Deux saxhorns-alto en *la* ♭.
Premier saxotromba-alto en *mi* ♭.
Deuxième saxotromba-alto en *mi* ♭.
Troisième saxotromba-alto en *mi* ♭.
Deux saxotrombas-baryton en *si* ♭.
Quatre saxhorns-basse en *si* ♭.
Un saxhorn contrebasse en *mi* ♭.
Un saxhorn contrebasse grave en *si* ♭.
Premier cornet à pistons ou à cylindres en *si* ♭.
Deuxième cornet à pistons ou à cylindres en *si* ♭.
Première et deuxième trompettes ⎱ en *mi* ♭.
Troisième et quatrième trompettes ⎰
Premier trombone à pistons ou à cylindres.

> Deuxième, troisième, quatrième, cinquième et sixième
> trombones.
> Timbales.

Lorsque l'on voudra écrire un morceau de musique d'infanterie ou de cavalerie, on devra s'informer auprès du chef de la musique à laquelle on le destine, du personnel effectif et des instruments dont il dispose, car il n'y a pas deux régiments, dans l'armée qui, quoique de même arme, aient une musique identique. L'exécution de l'ordonnance nouvelle y établira bientôt l'unité.

CHAPITRE II.

PLAN DE TRAVAIL RELATIF A L'INSTRUMENTATION MILITAIRE.

51. Pour parvenir en peu de temps à instrumenter convenablement, les élèves s'attacheront à écrire de petits morceaux (*) pour chaque famille d'instruments.

52. On entend par *famille* la collection graduée d'instruments du même genre : ainsi, les saxophones; les saxhorns; les trombones et trompettes; les cors, les cornets à pistons forment chacuns une même famille.— Les flûtes, petite et grande, la petite clarinette, la grande clarinette et le hautbois peuvent aussi, non pas former une famille, mais un groupe à l'aide duquel on obtient de fort jolis effets, surtout dans les morceaux d'un caractère gracieux et brillant.

Après avoir écrit en détail pour chaque groupe d'instruments on les réunit tous ensemble, en écrivant un grand morceau. Mais, quel que soit le soin que l'on apporte en amalgamant les différents timbres, lorsque l'on compose, soit d'après un thème donné ou connu, soit d'après ses propres inspirations, rien n'aura plus d'action sur les progrès que l'audition sans cesse renouvelée des essais que l'on a écrits. Les élèves qui font partie d'une musique de régiment, peuvent, avec assez de facilité, obtenir de leurs camarades quelques moments d'un temps beaucoup mieux employé dans la

---

(*) On pourra, à défaut de motifs propres, arranger les chants donnés page 45, ou se servir d'airs connus; ou prendre enfin des mélodies dans les *Chants de l'Armée*, ouvrage célèbre de G. Kastner.

salle d'étude qu'à la cantine, et nous leur conseillons avec insistance d'user le plus souvent possible, de ce moyen si naturel d'arriver à la perfection par l'expérience de ses propres défauts.

Si nous avons conseillé (§ 5) aux élèves d'écrire d'abord pour le piano leurs leçons d'harmonie avant de les mettre en partition vocale, de même ici, nous leur adressons la même recommandation relativement à l'arrangement partiel ou général des morceaux d'harmonie militaire. Qu'ils écrivent donc pour le piano une espèce d'esquisse musicale d'après laquelle ils devront ensuite instrumenter d'autant plus utilement qu'ils auront arrêté d'avance l'harmonie, les dessins d'accompagnement, les effets rhythmiques, et enfin les *tutti* en traits de basse, si émouvants.

Par ce moyen, on n'a plus à s'occuper de la forme en quelque sorte physique de l'instrumentation, et l'on peut donner tous ses soins au choix des timbres des instruments de Sax et à leur mélange intelligent (*).

(*) Un artiste, dont les écrits ont une grande autorité, le savant M. Fétis, s'exprime ainsi dans une lettre adressée à l'honorable M. G. Kastner sur le mérite de ce célèbre facteur : « Ce qui distingue Adolphe Sax de tous ceux qui se sont occupés de ce genre « de productions c'est qu'il se place, dans toutes ses créations, au point de vue des né- « cessités de l'art, et qu'il en a l'instinct le plus sûr.. ... Quand les intérêts hostiles au- « ront disparu, et qu'il ne restera plus que le souvenir de l'artiste et de ses travaux, son « nom sera inscrit parmi le plus célèbres. Pour moi, je devancerai la postérité, je ven- « gerai Sax de toutes les iniquités dont il a été victime, et la *Biographie des Musiciens* « fera luire pour lui la lumière et la vérité. »

(FÉTIS, *Revue et Gazette musicale* du 8 novembre 1859, n° 25.)

FIN DU LIVRE CINQUIÈME.

LIVRE SIXIÈME.

CHAPITRE I.

DU THÈME DONNÉ A ARRANGER AUX ASPIRANTS SOUS-CHEFS DE MUSIQUE.

53. Les aspirants au grade de sous-chef sont tenus d'arranger, d'après la nouvelle composition de musique militaire, un thème donné par le Jury. Ce thème, qui n'a guère que quatre ou huit mesures, ne doit pas être développé très-longuement. S'il est en majeur, on passera au mineur relatif naturel (au 6e degré), puis on reviendra dans le ton principal en passant par la septième dominante, et l'accord de *sixte et quarte* (avec *sixte majeure*). Si le motif du thème donné est en mineur, on modulera au 3e degré (majeur naturel relatif). On pourra également passer au 6e degré, puis revenir par le 5e dans le ton principal, avec une conclusion en majeur synonyme. Afin de trouver des motifs d'épisode ou de petites phrases aidant à passer dans les tons désirés, on scindera le motif ou thème donné de mesure en mesure.

CHAPITRE II.

DÉVELOPPEMENT DU THÈME DONNÉ.

1° Après avoir écrit la basse que l'on jugera la plus naturelle au chant donné, on la chiffrera; puis on écrira ce chant intégralement en l'accompagnant avec peu d'instruments.

2° Au moyen d'un petit conduit tiré, quant à la forme mélodique de la tête du motif (1re mesure), on dirigera ce même conduit dans le ton nouveau et relatif dans lequel on voudra moduler.

3° Une fois ce nouveau ton posé, on sera le maître de créer une mélodie ayant une affinité rhythmique avec le motif principal.

4° Si, dès le début, on a pu trouver, sous forme d'accompagnement, un contre-chant sur le motif donné, on reproduira ce contre-chant dans le ton nouveau, et ainsi de suite, jusqu'à l'emploi de toute la masse instrumentale dans le ton principal, avec retour au thème donné.

5° On dessine, sur quelques portées, l'ensemble du morceau, et, lorsque ce travail est bien arrêté, on procède à son instrumentation générale.

Si le caractère du thème est doux, cela n'empêche pas de donner quelques *touches* puissantes des intruments de percussion; leur emploi, dans ce cas, a quelque chose de grandiose et de pompeux.

Les mélodies seront confiées aux instruments chantants, tels que la grande flûte et la clarinette, à l'octave inférieure, le cornet à pistons, le saxophone soprano, alto ou baryton.

CHAPITRE III.

MISE EN ŒUVRE DU MOTIF DE MOZART

D'APRÈS LES PRESCRIPTIONS PRÉCÉDENTES.

Conduit servant à moduler au min. principal. relat.
Le contre-chant trans-
posé en sol mineur.

CHAPITRE IV.

DU THÈME DONNÉ A ARRANGER AUX ASPIRANTS AU GRADE DE CHEF DE MUSIQUE.

Une des conditions imposées aux aspirants à l'emploi de chef de musique est de donner d'assez grands développements au thème qu'ils doivent orchestrer. Dans ce cas, ils devront faire précéder le motif donné d'une *introduction* et le feront suivre d'une *coda*.

L'introduction finira sur la dominante du ton principal, et la coda amplifiera ce même ton en rompant, à dessein, la cadence finale par des modulations en apparence éloignées de la tonique, ce qui donne beaucoup de grandeur et d'effet à la péroraison.

CHAPITRE V.

PARTICULARITÉS GÉNÉRALES DU CONCOURS.

Les concurrents ont deux heures pour réaliser la basse chiffrée, et un jour plein pour orchestrer et développer le thème donné. C'est au Conservatoire que ces concours ont lieu vers la fin de novembre (*).

Nous allons terminer notre travail par la reproduction des pièces officielles qui concernent le personnel de la musique impériale, le mode du concours annuel et les différentes dispositions prises par le Maréchal Ministre de la Guerre. Ces documents seront suivis du tableau de la composition officielle des musiques de la garde impériale, et, implicitement, de toutes les musiques de l'armée.

(*) Leur session dure trois ou quatre mois, quelquefois plus; cela dépend du nombre des aspirants qui se présentent.

FIN DU SIXIÈME LIVRE.

CONCLUSION.

En terminant cet ouvrage, l'auteur recommande à ceux qui voudront le consulter avec fruit, de lire, outre ses traités d'harmonie (PETIT MANUEL et 3ᵉ partie des ÉTUDES ÉLÉMENTAIRES DE LA MUSIQUE), les ouvrages pratiques de DOURLEN, REICHA, FÉTIS, COLLET, etc., et surtout les *partimenti* du célèbre FENAROLI, dont la réalisation les mettra à même de parvenir en très-peu de temps à écrire correctement les parties vocales supérieures d'une basse chiffrée.

Quant à l'arrangement pour musique militaire du thème donné, l'auteur ne peut que leur rappeler encore que, pour cette sorte de travail intéressant et moins difficile qu'il ne le paraît, il n'y a que la pratique et surtout l'audition des essais qu'on aura composés, qui donnera, aux concurrents, cette sûreté de main, cette aisance de style que l'ouvrage le plus clairement écrit sur cette matière, ne peut faire acquérir à lui seul.

Ecrire, après avoir lu de bons modèles, essayer ce qu'on a écrit, *remettre vingt fois son œuvre sur le métier*, vieux conseil éternel comme la vérité, qui a été donné par Horace dans l'antiquité, et par Boileau dans le grand siècle littéraire et artistique de la France : tel a été de tout temps le secret des maîtres de l'art, et la cause réelle de leurs succès (*).

(*) Afin d'être utile aux aspirants, M. A. Elwart, ouvre chaque année chez lui, rue Laffite, 43, des Cours préparatoires aux Examens de la Commission. — La durée d'un Cours est d'un mois, ou de douze leçons de deux heures, données trois fois par semaine à huit élèves. Prix du Cours : 40 fr., payables d'avance en deux termes

FIN.

APPENDICE.

PIÈCES OFFICIELLES.

Décret Impérial sur la composition du personnel de la Musique des Régiments de la Garde impériale.

Paris, le 16 août 1854.

NAPOLÉON,

Par la grâce de Dieu et la volonté nationale, Empereur des Français, à tous, présents et à venir, salut :

Vu le décret du 1er mai 1854, portant organisation de la garde impériale ;

Sur le rapport de notre Ministre, secrétaire d'État au département de la guerre ;

Avons décrété et décrétons ce qui suit :

ART. 1er. Le personnel de la musique de chaque régiment de la garde impériale, formera une section composée ainsi qu'il suit :

TROUPES A PIED.

Chef de musique		1
Sous-chef		1
Musiciens de 1re classe	5	
Musiciens de 2e classe	10	28
Musiciens de 3e classe	13	
Total		30

TROUPES A CHEVAL.

Chef de musique		1
Sous-chef		1
Musiciens de 1re classe	4	
Musiciens de 2e classe	8	20
Musiciens de 3e classe	8	
Total		22

Art. 2. Le personnel de musique de chaque corps de la garde impériale se recrute :

1° Parmi les soldats qui, en qualité d'élèves, auront acquis l'instruction musicale suffisante ;

2° Parmi les artistes civils.

Les artistes étrangers ne seront admis qu'à titre provisoire, jusqu'à ce qu'ils soient naturalisés.

Un règlement ministériel déterminera le mode d'admission des uns et des autres, et les conditions qu'ils devront remplir.

3° La hiérarchie des musiciens de la garde impériale est toute spéciale et ne comporte l'exercice d'aucun des grades militaires proprement dits.

Les uns et les autres sont commissionnés, savoir :

Les chefs de musique, par décret de l'Empereur.

Les sous-chefs et musiciens, par le Ministre de la guerre, ou, en son nom, conformément au règlement ministériel à intervenir, par le général commandant la garde impériale.

Ils ne peuvent être privés de leur emploi que par le pouvoir qui les a nommés.

4° Les chefs, sous-chefs et musiciens ont droit selon l'arme dans laquelle ils sont employés, aux prestations en deniers et en nature, ainsi qu'aux récompenses et rémunérations de service (*Pensions et décorations*), attribuées aux militaires de la garde impériale par la législation et les tarifs en vigueur, savoir :

Les chefs de musique, celles attribuées aux sous-lieutenants.

Les sous-chefs, celles attribuées aux adjudants sous-officiers.

Les musiciens de première classe, celles attribuées aux sergents-majors, ou maréchaux des logis chefs.

Les musiciens de deuxième classe, celles atttribuées aux sergents ou maréchaux des logis.

Les musiciens de troisième classe, celles attribuées aux caporaux ou brigadiers.

Ils comptent en conséquence, dans l'effectif général de l'armée.

Après dix ans de fonctions, les chefs de musique pourront obtenir, par décision impériale, les prestations et les rémunérations de service, attribuées aux lieutenants.

5° Indépendamment des allocations permanentes fixées par l'article ci-dessus, les chefs de musique, sous-chefs et musiciens, pourront recevoir, sur les fonds de la masse générale d'entretien du corps, des primes mensuelles de fonctions, dont le chiffre sera fixé à l'avance, chaque semestre, par le conseil d'administration, dans la limite d'un minimum et d'un maximum qui seront réglés par notre Ministre de la guerre.

6° Le règlement ministériel prescrit par les articles 2, 3 et 5 déterminera, avec les conditions d'admission des musiciens, celles de leur avancement ; leurs rapports de service et de subordination, le mode de leur nomination ; enfin, leur uniforme, lequel sera distingué par des insignes particuliers différents de ceux attribués aux divers grades militaires.

Le même règlement déterminera la composition instrumentale de la musique de chaque régiment.

7° Le Ministre secrétaire d'État au département de la guerre est chargé de l'exécution du présent décret.

Fait à Biarritz, le 16 août 1854.

Signé : NAPOLÉON.

Par l'Empereur :

Le Maréchal de France, Ministre Secrétaire d'État au département de la guerre,

Signé : VAILLANT.

Règlement ministériel pour l'exécution du décret impérial du 16 août 1854, portant organisation des Musiques militaires de la garde impériale.

Paris, le 25 août 1854.

Le Maréchal de France, Ministre Secrétaire d'État au département de la guerre ;

Vu l'article 6 du décret impérial du 16 août 1854, qui dispose :

« Le règlement ministériel prescrit par les articles 2, 3 et 5, déterminera, « avec les conditions d'admission des musiciens, celles de leur avancement, « leurs rapports de service et de subordination, le mode de leur nomination ; « enfin, leur uniforme, lequel sera distingué par des insignes particuliers, « différents de ceux attribués aux divers grades militaires. »

ARRÈTE :

ADMISSION ET AVANCEMENT.

ART. 1er. Nul ne peut être admis à concourir pour l'emploi de musiciens dans la garde impériale, s'il n'a été préalablement agréé par l'un des colonels des régiments de cette garde.

Les artistes civils, français ou étrangers, doivent en outre justifier de leur position civile, de leur moralité et de leur aptitude physique au service militaire, dans les formes déterminées par l'ordonnance du 28 avril 1832.

ART. 2. Chaque année, un jury spécial désigné par le Ministre de la guerre, avec le concours du directeur du Conservatoire de musique, examine les sous-chefs et les musiciens de première classe qui, à l'inspection générale, se sont fait inscrire comme candidats aux emplois de chef et de sous-chef, et classe en deux degrés de capacité ceux qui ont satisfait à l'examen.

Les chefs de musique sont pris, autant que possible, parmi les candidats du premier degré, les sous-chefs parmi ceux du deuxième degré.

ART. 3. Le tiers au moins des emplois vacants de musiciens de première, deuxième et troisième classe est réservé aux soldats, élèves musiciens du corps.

En conséquence, à l'inspection générale, il est établi dans chaque régiment, d'après les notes du chef de musique et les propositions du colonel, un tableau d'aptitude, d'après lequel les soldats élèves musiciens sont choisis pour la troisième classe, les musiciens de troisième classe pour la deuxième, et les musiciens de deuxième classe pour la première.

En outre, et pour la concession des deux tiers non réservés des places vacantes, la préférence ne doit pas être donnée aux artistes civils qu'autant qu'ils justifient d'une capacité musicale supérieure à celles des candidats du corps.

MODE DE NOMINATION.

Art. 4. Les chefs de musique sont commissionnés, au nom de l'Empereur et en vertu du décret qui les nomme, *par le Ministre de la guerre.*

Les sous-chefs sont directement commissionnés *par le Ministre.*

Les musiciens des trois classes sont commissionnés, au nom du ministre, *par le général commandant de la garde impériale.*

Les nominations des uns et des autres ont lieu d'après des tableaux de proposition, dressés par le général commandant la garde impériale et préalablement approuvés par le Ministre, en ce qui regarde les musiciens des trois classes.

Les commissions sont établies conformément aux modèles annexés au présent règlement.

En recevant leur commission, les chefs, sous-chefs et musiciens prêtent serment entre les mains du général commandant la garde impériale ou de l'officier général qu'il aura délégué à cet effet.

La réception des chefs, sous-chefs et musiciens est constatée seulement par la voie de l'ordre.

RÈGLES DE SERVICE ET DE SUBORDINATION.

Art. 5. Pour l'administration, la section de musique est rattachée au petit état-major, sous les ordres de l'officier d'habillement.

Art. 6. Le chef de musique a la direction exclusive de son corps de musique, personnel et matériel. A l'instar de ce qui est déterminé pour les commandants de la compagnie, escadron ou batterie, il répond de l'instruction, de la police, de la discipline et de la tenue de ses musiciens.

Pour sa spécialité, il ne relève que du chef de corps; pour le service militaire, il relève des officiers supérieurs, des adjudants majors et de l'officier d'habillement.

Il a droit au salut de tous les hommes de troupe.

Il prend ses repas à la table des lieutenants et sous-lieutenants, et il ne peut se marier que dans les conditions déterminées par la décision du 17 décembre 1843.

Art. 7. Le sous-chef a pour mission de seconder et, au besoin, de suppléer en tout le chef de musique. Il est chargé de tous les détails du service de la musique, il la représente au rapport journalier. Pour sa spécialité, il ne relève que du chef de musique; quant au service militaire, il relève de tous les officiers.

Il a droit au salut des sergents et maréchaux des logis, et des caporaux ou brigadiers et soldats, et aux honneurs funèbres attribués aux adjudants sous-officiers.

Il prend ses repas avec les adjudants sous-officiers.

Art. 8. Les musiciens des trois classes sont subordonnés d'une manière absolue et pour tous les détails du service, tant spécial que militaire, au chef de musique et subsidiairement au sous-chef. Ils relèvent, en outre, quant au service militaire, de tous les officiers et adjudants sous-officiers.

Ils sont tenus au salut envers les officiers, le chef et le sous-chef de musique et les adjudants sous-officiers.

Ils n'ont eux-mêmes droit à aucun honneur.

Ils prennent leurs repas à une pension analogue à celles des sous-officiers, mais séparément.

Art. 9. Les sous-chefs de musique et les musiciens des trois classes ne peuvent se marier sans l'autorisation du conseil d'administration du régiment.

Art. 10. Les soldats élèves musiciens, dont le nombre est fixé à 25 par régiment de troupes à pied, et 15 par régiment de troupes à cheval, suivent les cours de musique et concourent à l'exécution, mais comptent à leur compagnie, escadron ou batterie.

Art. 11. Dans les régiments de troupes à cheval, le corps de musique devient tout à fait distinct des trompettes, lesquels, sous la direction du brigadier-trompette et à raison de deux par escadron ou batterie, seront constitués comme les tambours dans les troupes à pied.

Les chefs de musique restent étrangers à l'instruction des trompettes, laquelle ne comportera dorénavant que l'exécution des marches et sonneries réglementaires.

PUNITIONS.

Art. 12. Le chef et le sous-chef de musique et les musiciens des trois classes, justiciables des tribunaux militaires pour les crimes et délits, sont punissables pour les fautes contre la discipline, pour les officiers et les sous-officiers desquels ils relèvent respectivement, dans les conditions et les limites déterminées pour chaque grade et chaque position par l'ordonnance du 2 novembre 1833, et le décret du 1er mars 1854.

Le droit de punition du chef de musique à l'égard du sous-chef et des musiciens est celui attribué aux commandants de compagnie, escadron ou batterie, à l'égard de leurs sous-officiers.

Le sous-chef de musique a, à l'égard des musiciens, le droit de punition dévolu aux adjudants sous-officiers.

Lorsque le chef ou le sous-chef de musique ont à se plaindre d'un sous-officier, caporal ou brigadier ou soldat, ils adressent leur plainte à l'adjudant-major de semaine ou au commandant de la compagnie, escadron ou batterie, qui font droit, s'il y a lieu.

RÉTROGRADATIONS ET RÉVOCATIONS.

Art. 13. En cas d'inconduite habituelle, de fautes graves contre la discipline ou de négligence, répétées dans l'accomplissement du service spécial, les sous-chefs de musique peuvent être replacés de l'emploi de musiciens de première classe dans la seconde, et les musiciens de la deuxième classe dans la troisième.

Les musiciens des trois classes peuvent, en outre, à raison des mêmes motifs, être révoqués, et ceux qui sont liés au service, être renvoyés dans un corps de la ligne, pour y servir comme élèves musiciens jusqu'à l'époque de leur libération.

Ces peines sont infligées d'après une plainte dressée par le chef de musique et transmise hiérarchiquement par le colonel au général commandant la garde impériale.

Si la demande de rétrogradation ou de révocation est fondée, pour tout ou partie, sur des fautes contre la discipline, la plainte avant de parvenir au colonel, doit être revêtue de l'avis de l'officier d'habillement, de l'adjudant-major et de l'officier supérieur de semaine et du lieutenant-colonel.

ART. 14. L'Empereur prononce la révocation des chefs de musique, sur la proposition du Ministre, et d'après l'avis d'un conseil d'enquête.

Le Ministre prononce : 1° la rétrogradation des sous-chefs de musique, et 2° la révocation des musiciens des trois classes qui sont décorés de la Légion-d'honneur et de la Médaille militaire.

Le général commandant la garde impériale prononce la rétrogradation des musiciens de la première classe à la seconde, et de la deuxième à la troisième, et la révocation des musiciens des trois classes qui ne sont pas décorés.

TENUE.

ART. 15. L'uniforme des musiciens de la garde impériale fera l'objet d'une description spéciale.

COMPOSITION INSTRUMENTALE.

ART. 16. La composition instrumentale des musiques de la garde impériale, sera conforme au tableau ci-annexé.

Les achats d'instruments et de musique, ainsi que leur entretien sont supportés par la masse générale d'entretien.

PRIMES DE FONCTIONS.

ART. 17. Les primes de fonctions qu'il y aurait lieu d'accorder sur la masse générale d'entretien seront ultérieurement fixées par le Ministre, d'après les propositions du général commandant la garde impériale.

DISPOSITIONS GÉNÉRALES OU TRANSITOIRES.

ART. 18. Les règles générales déterminées par l'ordonnance du 2 novembre 1833, sur les services intérieurs des corps de troupes, et le décret du 1er mars 1854 sur le service de la gendarmerie, restent applicables aux musiciens de la garde impériale, en tout ce qu'elles n'ont pas de contraire aux règles spéciales tracées par le décret du 16 août 1854 et le présent règlement.

ART. 19. Pour la première formation, une commission composée par les soins du général de brigade Mellinet, examinera les artistes civils et les chefs de musique et musiciens militaires de la ligne qui demanderont à concourir.

La nomination des chefs, sous-chefs et musiciens s'opérera ensuite dans chaque régiment, d'après le tableau dressé par la commission d'examen, en se conformant à la marche tracée par l'article 3 du décret du 16 août 1854 et les articles 1 et 4 du présent règlement.

Paris, le 25 août 1854.

Le Maréchal de France, Ministre Secrétaire d'Etat de la guerre,

. VAILLANT.

(Modèle n° 1.)

EMPIRE  FRANÇAIS.

MUSIQUES MILITAIRES.

Commission de Chef de musique.

Le Ministre Secrétaire d'Etat de la Guerre,

Vu le Décret constitutif du 16 août 1854 et le Décret de nomination du

Confère, au nom de l'Empereur, l'emploi de Chef de musique de

au sieur

fils de   et de

né le   , à   département de

M. le Général commandant la Garde impériale est chargé de faire mettre ce militaire en possession dudit emploi.

Paris, le   186

(MODÈLE n° 2.)

EMPIRE  FRANÇAIS.

MUSIQUES MILITAIRES.

Commission de sous-chef de musique.

Le Ministre Secrétaire d'Etat de la Guerre,

Vu le Décret du 16 août 1854,

Nomme à l'emploi de sous-chef de musique de

le sieur

fils de   et de

né le   , à   département de

M. le Général commandant la Garde impériale est chargé de faire mettre ce militaire en possession dudit emploi.

Paris, le   186

(Modèle n° 3.)

EMPIRE  FRANÇAIS.

MUSIQUES MILITAIRES.

Commission de musicien de  ᵉ classe.

Le Général commandant la Garde impériale,

Vu le Décret du 16 et le règlement ministériel du 25 août 1854,

Nomme, au nom du Ministre de la guerre, à un emploi de musicien de   ᵉ classe à

le sieur

fils de   et de

né le   , à   département de

M. le Colonel   est chargé de faire mettre ce militaire en possession dudit emploi.

Paris, le   186

6

TABLEAU

DE LA COMPOSITION INSTRUMENTALE DES MUSIQUES DE LA GARDE IMPÉRIALE.

TROUPES A PIED.

Nombre d'exécutants.   Prix d'achat.

2 Flûtes grandes ou petites en *ré* bémol. . . . . . . chaque 110 fr.
4 Petites clarinettes en *mi* bémol. 225
2 Grandes clarinettes sopranos en *si* bémol. 225
2 Hautbois. 150
2 Saxophones sopranos. 160
2 Saxophones altos en *mi* bémol. 200
2 Saxophones ténors 200
2 Saxophones barytons ou basses. 225
2 Cornets à pistons ou cylindres. 115
4 Trompettes à cylindres. 115
4 Trombones ordinaires ou système Sax. 90
2 Petits saxhorns sopranos en *mi* bémol. 80
2 Saxhorns contraltos en *si* bémol. 85
3 Saxotrombas en *mi* bémol. 110
2 Saxhorns barytons en *si* bémol. 120
4 Saxhorns basses en *si* bémol. 150
2 Saxhorns contrebasses en *mi* bémol. . . . . 15)
2 Saxhorns contrebasses graves en *si* bémol. 250
1 Grosse caisse. 150
2 Cymbales (paires de) 100
2 Tambours. 80

TROUPES A CHEVAL.

1 Petit saxhorn aigu en *si* bémol. . . . . chaque 100
2 Petits saxhorns sopranos en *mi* bémol. 80
4 Saxhorns contraltos en *si* bémol. 85
2 Saxhorns altos en *la* bémol. 155
4 Saxotrombas altos en *mi* bémol. 110
2 Saxotrombas barytons en *si* bémol. 125
4 Saxhorns basses en *si* bémol. 150
2 Saxhorns contrebasses en *mi* bémol. 150
2 Saxhorns contrebasses en *si* bémol 250
2 Cornets à pistons ou cylindres 115
6 Trompettes. 115
6 Trombones, altos, ténors et basses (le ténor à cylindres et la basse
   à cylindres), en *fa* ou en *mi* bémol. 90
1 Timbalier (une paire de timbales) . . . .

Tous ces instruments se trouvent chez Adolphe Sax, facteur de la maison militaire de l'Empereur, rue Saint-Georges, n° 50, à Paris.

M. Adolphe Sax a obtenu à l'Exposition universelle de Londres et à celle de Paris, la grande médaille d'honneur.

Programme d'un Concours pour les emplois de Chef
et de Sous-Chef de musique dans l'Armée.

Paris, le 28 mai 1856.

CONDITIONS GÉNÉRALES.

Un concours, pour les emplois de chef et de sous-chef de musique dans l'armée, sera ouvert à Paris, au Conservatoire impérial de musique vers la fin de l'année 1856.

Les sous-chefs de musique appartenant à l'armée sont seuls admis à concourir pour l'emploi de chef.

Les musiciens de 1re classe commissionnés et les artistes civils concourront pour l'emploi de sous-chef.

Les uns et les autres devront posséder une connaissance complète de l'harmonie et de la nouvelle instrumentation des musiques militaires, telle qu'elle a été établie par le décret du 16 août 1854.

Les musiciens appartenant à l'armée, devront être proposés à l'inspection générale, pour prendre part à ce concours.

Les artistes *civils* qui seraient en mesure de compter 25 ans de service à 60 ans d'âge, adresseront, s'ils veulent concourir, une demande au Ministre de la guerre (*bureau des états-majors et des écoles militaires*), avant le 1er septembre. Ils joindront à leur demande leur acte de naissance et des certificats constatant leur position civile, leur aptitude physique au service militaire et le degré de leur instruction musicale.

Examen des candidats à l'emploi de sous-chef.

Les candidats exécuteront un morceau à leur choix, et avec leur instrument pourvu qu'il soit d'ordonnance. Ils liront à première vue et analyseront un morceau qui leur sera donné.

Ils réaliseront à quatre parties une basse chiffrée, et arrangeront pour musique militaire, un thème donné.

Examen des candidats à l'emploi de chef.

Ces candidats sont dispensés de l'exécution et de la lecture d'un morceau, mais ils devront remplir les conditions suivantes :

Réaliser une basse chiffrée et en mettre une sous un chant donné.

Arranger, pour musique militaire, un thème donné, plus développé que le thème indiqué aux candidats à l'emploi de sous-chef.

Un avis, ultérieurement inséré dans les journaux, fera connaître aux candidats l'époque de l'ouverture du concours.

——— ———

Décret impérial qui modifie l'Organisation des Musiques militaires.

Du 26 mars 1860.

NAPOLÉON,

Par la grâce de Dieu et la volonté nationale, Empereur des Français,

A tous présents et à venir, salut :

Vu le décret du 16 août 1854 et la décision impériale du 5 mars 1855 ;

Considérant que, si l'organisation actuelle des musiques militaires a donné d'excellents résultats, elle a, d'un autre côté, l'inconvénient de distraire des rangs un trop grand nombre d'hommes ;

Voulant concilier tous les intérêts ;

Sur le rapport de notre Ministre, Secrétaire d'État au département de la Guerre,

Avons décrété et décrétons ce qui suit :

Art. 1er. La section de musique de chaque régiment sera désormais composée comme il suit :

	Troupes à pied.	Troupes à cheval
Chef de musique.	1	1
Sous-chef de musique	1	1
Musiciens de première classe.	5	4
— de deuxième classe.	8	6
— de troisième classe.	10	8
— de quatrième classe	15	7
	40	27

Art. 2. Les musiciens de quatrième classe auront droit aux prestations en deniers et en nature, ainsi qu'aux récompenses et rémunérations de service attribuées aux soldats.

Ils seront choisis parmi les élèves musiciens actuels, lesquels sont supprimés.

Art. 3. Les réductions qui résultent du présent décret s'opéreront par voie d'extinction.

Art. 4. La composition instrumentale est modifiée comme il suit :

Musique de troupes à pied.

Flûtes.	2	Saxhorns *si* bémol contraltos.	2
Petites clarinettes.	2	Saxotrombas altos, *mi* bémol.	3
Grandes clarinettes.	4	Saxhorns barytons, *si* bémol.	2
Hautbois.	2	Saxhorns basses *si* bémol à 4 cy-	
Saxophones sopranos.	2	lindres.	3
— altos.	2	Saxhorn contrebasse grave *mi*	
— ténors.	2	bémol.	1
— barytons.	2	Saxhorn contrebasse *si* bémol.	1
Cornets à pistons.	2	Caisse claire ou roulante.	1
Trompettes à cylindres.	2	Grosse-caisse.	1
Trombones.	3	Cymbales (paire de).	1
			40

Musique de troupes à cheval.

Petit saxhorn aigu *si* bémol. 1
Petit saxhorn soprano *mi* bémol 1
Saxhorns contraltos *si* bémol. 4
Saxhorn alto *la* bémol.. 1
Saxotrombas altos *mi* bémol 3
Saxotrombas barytons *si* bémol. 2
Saxhorns basses *si* bémol à 4 cylindres . - 4
Saxhorn contrebasse *mi* bémol 1
Saxhorn contrebasse grave *si* bémol. 1
Cornets à pistons. 2
Trompettes à cylindres.. 5
Trombones. 3

27

Art. 5. Les musiques des régiments de gendarmerie et des guides de la garde impériale et celle de la garde de Paris conserveront, à titre exceptionnel, leur constitution actuelle, sous le rapport du personnel et de la composition instrumentale. Seulement, les élèves musiciens y seront commissionnés musiciens de quatrième classe.

Art. 6. Le diapason normal est obligatoire pour toutes les musiques militaires.

Art. 7. Toutes dispositions contraires au présent décret sont, et demeurent abrogées.

Fait au palais des Tuileries, ce 26 mars 1860.

NAPOLÉON.

Par l'Empereur :

Le Maréchal de France, Ministre Secrétaire d'État au département de la Guerre,

RANDON.

Voici, pour compléter cet appendice, quelques extraits d'une circu laire, adressée le 4 octobre 1860, par Son Excellence M. le maréchal Randon, Secrétaire d'État, Ministre de la guerre, à tous les chefs de corps de l'armée, relativement à l'adoption du *Diapason normal.*

« L'article 6 du décret impérial du 26 mars dernier (1860), qui a réorganisé les musiques militaires, porte que le *Diapason normal* est obligatoire pour toutes les musiques. — Conformément à une décision du 10 août suivant, le Diapason normal des musiques militaires est le diapason en *si bémol.*

« Messieurs les Intendants militaires autoriseront les corps à remplacer immédiatement tous les instruments qui, par leur nature ne seraient pas susceptibles d'être ramenés au nouveau diapason.

« Les frais de transformation qui seront imputés sur les fonds de la première repartition de la masse générale d'entretien, ne devront pas dépasser *quinze francs* en moyenne, par instrument. Quant aux instruments de cette dernière catégorie qui seraient présentés par les corps comme ne pouvant pas être transformés à raison de leur mauvais état, ou du temps écoulé depuis leur mise en service, ils devront être proposés pour la réforme, et leur remplacement par des instruments neufs au nouveau diapason, ne pourra avoir lieu, conformément aux décisions en vigueur, qu'après que leur réforme aura été prononcée par messieurs les Inspecteurs généraux d'armes, et à l'époque qu'ils auront déterminée. Les conseils d'administration devront se tenir en garde contre les avis intéressés de certains facteurs qui, dans un but facile à saisir, pourraient offrir de se charger, soit des transformations des instruments hors d'état de subir cette modification, soit de remplacer des instruments parfaitement susceptibles d'être transformés. »

Enfin la circulaire termine en invitant messieurs les Inspecteurs généraux et messieurs les Généraux commandant les subdivisions, à s'assurer particulièrement «que *toutes les musiques* se réorganisent, conformément au décret précité; qu'on n'y fait figurer, en *aucune circonstance* des instruments extra-règlementaires, et de ne pas hésiter à signaler au Ministre de la Guerre, les abus que les investigations auxquelles ils se livreraient à ce sujet pourraient les amener à découvrir. »

On ne saurait trop applaudir à la sollicitude de l'autorité supérieure militaire, pour les progrès et la bonne tenue des musiques qui charment les loisirs de nos braves soldats, les guident vers l'ennemi, célèbrent leur victoire, et ont des accents douloureux pour pleurer au nom de la Patrie, sur ceux qu'un beau trépas a ensevelis dans leurs drapeaux triomphants.

FIN DE L'APPENDICE.

TABLE DES MATIÈRES.

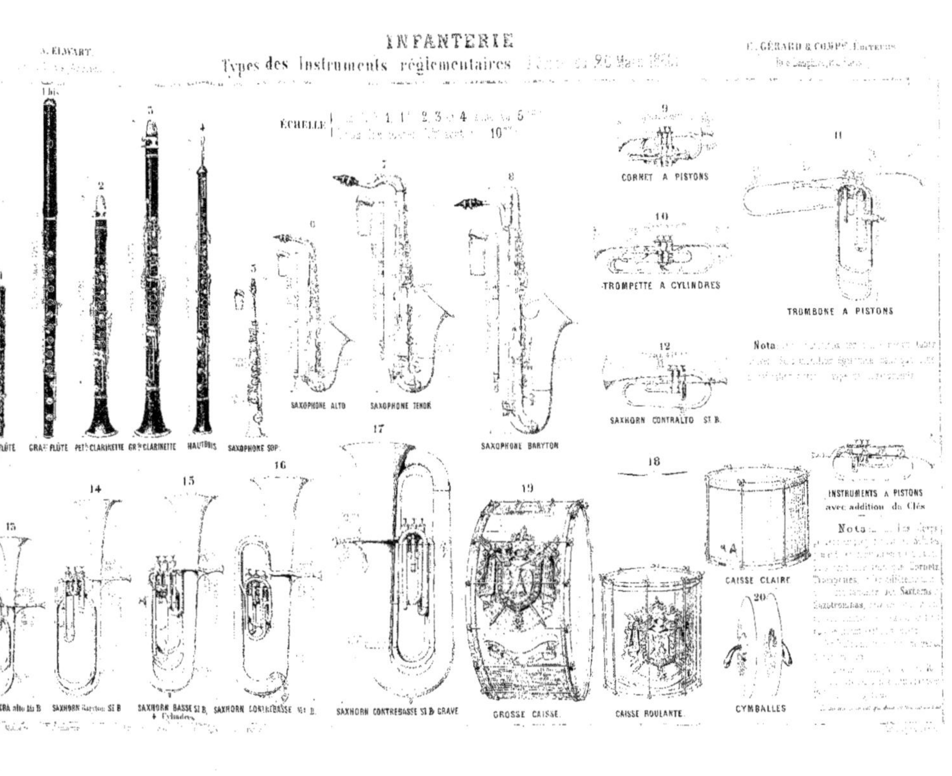
INFANTERIE
Types des Instruments réglementaires
A. ELWART
E. GÉRARD & COMP.IE, Éditeurs
ÉCHELLE
FLÛTE
GRA.DE FLÛTE
PET.TE CLARINETTE
GR.DE CLARINETTE
HAUTBOIS
SAXOPHONE SOP.
SAXOPHONE ALTO
SAXOPHONE TENOR
SAXOPHONE BARYTON
CORNET A PISTONS
TROMPETTE A CYLINDRES
SAXHORN CONTRALTO SI B.
TROMBONE A PISTONS
SAXHORN alto Mi B
SAXHORN Baryton SI B
SAXHORN BASSE SI B
4 Cylindres
SAXHORN CONTREBASSE Mi B.
SAXHORN CONTREBASSE SI B GRAVE
GROSSE CAISSE.
CAISSE CLAIRE
CAISSE ROULANTE.
CYMBALLES
INSTRUMENTS A PISTONS
avec addition de Clés
Nota

CAVALERIE
Types des instruments réglementaires. (Décret du 22 Mars 1860.)

E. GÉRARD & COMPIE, Éditeurs
Rue Bergère, 22 à Paris.

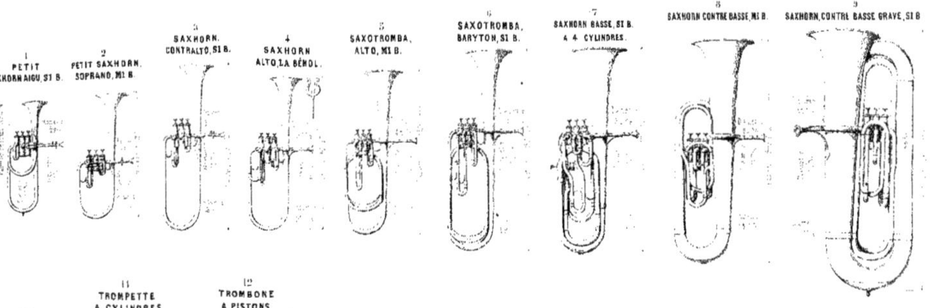

Nota: — [illegible]

MÉLODIES ET ROMANCES

DONT LES PAROLES PEUVENT CONVENIR AUX PENSIONS.

L. ABADIE.

Bon cœur porte bonheur.
Une branche fleurie.
Le Centenier.
La Chanson du berger.
La Conversion de saint Paul
La jeune Fille et le Nid.
Le Miracle des roses.
Loin du Bruit des villes.
Les Rosiers du Presbytère.
Secret de jeune fille.
L'Ange des Mansardes.

A. D'ADHÉMAR.

Le doux Nom de Marie.
Gabao le Noir.
Secours au proscrit.

L. AMAT.

Le Billet de logement.
Dieu pour compagnon.
La Prière du Matelot.
La Sainte-Beaume.

V. ARAGO.

C'est prêter au Seigneur.
La Fauvette de la charmille
Le Grelot de ma chèvre.

ET. ARNAUD.

L'Ange des prairies.
La Bohémienne.

ET. ARNAUD.

Le Buis béni.
Conte de Fée.
L'Enfant-Dieu.
Fleur de la Madone.
Le Guide du glacier.
Le Mois de Marie.
La résignation de Job.
La Tricoteuse de Jésus.

ARTUS.

Lou-Lou.

AUDRAN.

L'Enfant et L'Oiseau.
L'Aveugle et son chien.

BÉANCOURT.

Les Couplets de la mouche,
  dans les *Sept Châteaux
  du Diable*.

A. DE BEAUPLAN.

L'Ange et l'enfant.
Le Concert sur l'Eau.
L'Enfant naufragé.
Le Retour au Châlet.
Souvenirs du pays.

F. BÉRAT.

Le Mouton perdu.
Les Souvenirs d'enfance.

A. BOIELDIEU.

Claire au tombeau de sa
  mère.
La Fête du ciel.
Ni larmes ni regrets.
Le Pélerin de Saint-Just.
Prions.
La Sainte Rosée.

L. BORDÈSE.

A cheval! à cheval!
La Batelière du lac.
La Bergère des Alpes.
Charlotte Corday.
Chimène.
Clotilde, reine des Francs.
Le Départ du châlet.
Jane Grey.
Jeanne d'Arc à Rouen.
La Reine des châlets.
Le Retour au châlet.
Le Rêve d'or.
La Vierge de Vaucouleurs.

BOULANGER-KUNZE.

Je vais revoir ma mère.
Jouez parmi les fleurs.
Pâques fleuries.
Pays, mes amours.
Petit enfant joyeux.
Plus de bonheur sans toi.

BRUGUIÈRE.

Les Adieux à la Suisse.
Le Chant du ménestrel.
Hymne à Marie.
Le Mal du pays.
Notre-Dame-de-la-Garde.
Notre-Dame-des-Douleurs.
L'Oiseau en cage.
Les petits orphelins.
La première leçon de danse.
Rendez-moi mon léger ba-
teau.
Le Retour des pêcheurs.
Le Retour du vieux soldat.
Souvenirs de la Suisse.
Les Vacances.

BURGMULLER.

L'Ange consolateur.
Doux Souvenirs.
Julie.
La Fille de l'exilé.
Sauvez mon frère.
Sur toi je veille.
Tant que l'étoile brille.

P. CENTEMERI.

Le Pauvre.
Le Ramier.
Le Temple.

CHÉROUVIER.

Les Anges de la terre
Le Retour des cloches.

L. CLAPISSON.

A quel âge est-on grande?
L'Arbre de Noël.
La Bête à bon Dieu.
Le Bonheur du foyer.
Le Buis béni.
Ce que chante la rose.
Les Chansons de la nuit.
Le Chant du grillon.
Les Châteaux de cartes.
Le Clocheteur de nuit.
La Croix du chemin.
Dansez, enfants.
Dans les bois.
Deux enfants.
Le Dimanche des Rameaux.
L'Enfant et l'Abeille.
L'Enfant de chœur.
Faire le bien.
Fifi Nicole.
Le Hochet.
Hanneton, vole! vole! vole!
Histoire d'un sou.
Jeanne s'amuse en chemin.
Le Langage des cloches.
Le Livre de prières.
La Mère de famille.

L. CLAPISSON.

Mon âme à Dieu, mon cœur
à toi.
La Mort d'une fleur.
Les Oiseaux de Notre-Dame
Les Oiseaux du Paradis.
Où vont les nuages?
Les Pèlerines.
Le Parrain d'une cloche.
La Prière et le Travail.
Les Primeurs de la vie.
Le Ramoneur au soleil.
Le Rêve d'un enfant.
Le Réveil du jour.
Le Rossignol et la Guitare.
Souvenirs des montagnes.
Les Souvenirs du foyer.
Le Travail de Dieu.
Trois Enfants.
Tout chante et bénit Dieu.
Une Chanson dans un nid.
Une Lettre au pays.
Un tout petit roi.
La Visite du bonheur.
La Visite d'un petit oiseau.
La Voix de l'absence.

H. COLLIN.

Ave Maria.
Fleur de mai.

H. COHEN.

Adieu Paris.

F. DAVID.

L'Amitié.
Le Captif.
Chanson du mousse, de
Christophe Colomb.
Cri de charité.
De Cri du Bosphore.
Dormez, Marie.
En chemin.
L'Etoile du pêcheur.
La Fleur et l'Oiseau-mouche
Gronde, Océan.
Le Jour des morts.
La Mère indienne, extraite
de *Christophe Colomb.*
Le Mourant.
Le Rhin allemand.

P. DEFFÈS.

En écoutant avec son cœur.

E. DELISLE.

Demande et Réponse.
Deux Roses.

M. DELOCHE.

L'Enfant de la montage.

P. DERVÈS.

Fleur des cieux.

DESROQUES.

Le Rosaire perdu.

DONIZETTI.

Le Croisé.
Dernière nuit d'un novice.
Longue douleur.
La Mère au berceau de son
fils.
Un Jour en mer.

Mme DUCHAMBGE.

Les Cloches du couvent.
Mon pays.
Notre madone.
L'Oreiller d'une petite fille.
Le Rêve du mousse.

P. DUPONT.

L'Incendie (chant des Pom-
piers.)

G. DUPREZ.

Le Chant du pauvre.
Eglantine.
La Fille du geôlier.

E. DURAND.

Les Deux Orphelins.
Les Noms propres.

G. EICHEL.

L'Étoile.
Ma Violette.
La Moissonneuse.

FLOTOW.

Divine reine.
Enfantine.

DE FOLLY.

L'Age d'or.

E. DE FONSCOLOMBE.

Le Chant des bonnes.

GARCIA.

Dors, mon enfant.
La Leçon du rossignol.

L. GATAYES.

Le Sommeil de l'Enfant.

A. DE GROOT.

Soupir.

GRISAR.

L'Arrivée du régiment.
L'Enfant du chasseur.
Mon beau rouet, que filez-
vous?

GUDAL.

Célina.
Le Rossignol d'hiver.

F. HALÉVY.

Prière du soir,

G. HOUCHARD.

Souvenirs d'une mère.

JANSENNE.

L'oreiller d'une petite fille.

KREUTZER.

L'Enfant du pauvre.

TH. LABARRE.

Le Baiser d'une mère.
Ce qui rend les anges
joyeux.

P. LAGARDE.

La Première Hirondelle.
Le Testament d'Ali.
Les Trois Filles du ciel.

P. LAMOTTE.

L'Esclave des Florides.
Les Fleurs du pays natal.
Le Prophète.

LAZERGES.

Les Feuilles jaunes.
Hallali.
Le Printemps et l'Automne.
Le Vieillard et les Enfants.

LÉPINE.

C'est ma mère.
La jeune Berceuse.

LHUILLIER.

Les Bijoux d'une mère.
La Chanson du curé.
Chanter, c'est ma vie.
La Clé du paradis.
La jeune Marraine.
Le Moulin à paroles.
Le Pastel de ma grand'mère
Qui donne aux pauvres
    prête à Dieu.
Un Ami vrai.
Un Bal d'enfants.
Une Dame patronesse.

A. LIMAGNE.

L'abbé Denis.
Le Cheval et le Loup.
Mon petit Frère.

N. LOUIS.

Le Proscrit

F. LUÇON.

Boule de neige.
Le Petit Pâtre.

F. MASINI.

L'Ange du voyageur.
Le Calme.
Le Départ de l'hirondelle.
Le Départ du marinier.
Dis-moi qu'ils ont menti.
La Fête du curé.
La Folle aux cailloux.
Les Jeunes Filles.
Je veux rester enfant.
Le Langage des fleurs.
Le Muguet.
L'Orpheline.
Petit Ange rose.
Plus heureux qu'un roi.
Le Rossignol du foyer.
Seul.
Un vieux Soldat.

E. MAYER.

Dieu te récompensera.
Les Echos de la Baltique.
Grandis, enfant!

L. MÉNARD.

La Plainte de l'Aveugle.

F. MICHEL.

Il dort.
Ne cueillez pas les fleurs.
Ne grandis pas.
Ouvrez.
Plus tard je vous dirai
    pourquoi.

G. DE MOMIGNY.

Enfant, songe à ta mère.
Il est un Dieu.
Paquerette au champs.
Les Petits Bûcherons.
Ta mère est là.

L.-D. DE MOMIGNY.

Laisse là ton miroir,

H. MONPOU.

Les deux Archers.
Deux Chansons.
Enfant, dis-moi ta romance
Exil et retour.

MONTFORT.

Reine du ciel, prière de la
    Sainte-Cécile.

A. MOREL.

L'Avalanche.
Chanson du faucheur.
Le Chrétien mourant.
Le Condamné.
Elégie à l'enfant.
Les Enfants et les Anges.
Le Fils du Corse.
L'Horloge de la nourrice.
J'ai perdu ma tourterelle.
Madeleine.
N'oublions pas qu'ils sont
    nos frères.
La Vierge de Guérande.
Le Berceau.

O'KELLY.

Chantez toujours.
Un Ange.
Les Etoiles.
La Fille du ciel.
Les Frères soldats.
Le Papillon.
Un Souvenir.

PAER.

Exil et Patrie.

A. PANSERON.

Allons danser sur la colline
Le Chevrier de la Montagne
Dans une heure je vais dan-
    ser.
La Fête de la Madone.
Le Retour au Tyrol.

Mlle F. PANSERON.

La Balancelle.

PLANTADE.

Le Chant du Berceau,
La Coquette.
Prière à la Vierge.

T. POISSON.

La Fille du pêcheur.

PONCHARD.

Dieu pense à tout.
Le Mal du Ciel.
Viens, ma sœur.

POTHARST.

Le sauver ou mourir.

Mlle L. PUGET.

L'Aigle.
A la grâce de Dieu.
L'Ange de la montagne.
Ave Maria.
La Bayadère.
La Bénédiction d'un père.
Le Berger de la montagne.
Le Bonhomme Dimanche.
La Bonne Providence.
Les Chants de ma Provence
Le Clocher de mon village.
La Crêche.
La Dot d'Auvergne.
L'Enfant aux colombes.
La Fête-Dieu.
La Fleur du ciel.
L'Herbagère et les gens du
 du roi
Les Honneurs partagés.
Jeune fille à quinze ans.
Le Juif errant.
Ma Chevrette.
Ma Colombe.
Ma pauvre grand'mère.
Mater Dolorosa.
Matines.
Mes rêves de jeune fille.
Mon pays.
Mon Rocher de Saint-Malo.
Ne quittez jamais votre
 mère.
Notre-Dame de la Mer.
La Pauvre Fille.
Le Pêcheur breton.
Père et pêcheur.
Plus de mère.
La Presse des matelots.
La Prière au Saint-Bernard

Mlle L. PUGET.

La Reine des fous.
La Retraite.
Le Rêve de Marie.
Le Rêve du pays.
Le Roi de la mer.
Le Tour de France.
Une Députation de demoi-
 selles.
Les Yeux d'une mère.

QUIDANT.

L'Ami de l'enfant.
En mer.
L'Etang.
Ma Barque.
Ma Goëlette.
Petit Enfant.
La Sorcière.
Le Travail rend heureux.

REYER.

Le Sorcier du Rhin.

E. P. ROLLY.

Enfants, n'effeuillez pas les
 roses.

Mme RONDONNEAU.

Adieu, Savoie.
La Mort du Pâtre.
La Prière des pêcheurs.

P. SAIN D'AROD.

Consolations à la fleur.

A. SAINT JULIEN.

Après la bataille.

**M. SANTA COLOMA
SOURGET.**

A une jeune fille.
Chante, Madeleine.

A. SCARD.

Chantez, oiseaux du ciel.
L'Enfant égaré.
La Fiancée du Pâtre.
La Fille du soldat.
L'Idiote.

P. SCUDO.

Les Deux Anges.
Ecoutez, la cloche sonne.

A. THYS.

La Fête de l'église.
La Gentille Fermière.
Le Pêcheur napolitain.

Mlle THYS.

Jeunes filles et papillons,

F. TOURTE.

Dans la main de Dieu.

VACCAJ.

L'Ave Maria des pèlerins.

Mlle DE VAREZ.

Dors doucement, petit en-
 fant.
Mélancolie.
Plainte aux hirondelles.
Le Vanneur.

A. VARNEY.

Etrennez-moi.

VERVOITTE (AINÉ).

Pauvre mère.
Enfant, mon seul espoir.

VILLEBLANCHE.

Iselle

J. VIMEUX.

L'Ange des moissons.
Bonheur de jeune fille.
La Reine du vallon.

F. VIRET.

Chant du soir.
Deux voix du cœur.
Rêverie.

VIVIER.

Le Rouge-gorge.

A. VOGEL.

Les Deux mendiants.

WEKERLIN.

Le Printemps (avec haut-
 bois).

DUOS ET NOCTURNES

AVEC ACCOMPAGNEMENT DE PIANO.

NOTA. — Les * servent à désigner les morceaux dont les paroles conviennent surtout pour les pensions

---

DUOS ET NOCTURNES POUR DEUX SOPRANOS.

ADAM (Ad.). Et moi je veille.	2 50
BEAUPLAN. La Confidence.	2 50
— Non, je ne valse pas.	2 50
BÉRAT. * La Bienfaisance.	2 50
— * Ma Normandie.	2 50
BOIELDIEU. * Prière et Vœu.	2 50
BORDÈSE (Luigi). * Le Départ. . . .	3 . .
— * Le Retour.	3 . .
BOULANGER-KUNZÉ. Viens, la mer est d'azur.	2 50
BRUGUIÈRE. * La Chapelle de Guillaume Tell.	2 50
— * Je veux revoir ma patrie. . .	2 50
— Le Napolitain.	2 50
— La Rose sauvage.	2 50
— Souvenirs de la Suisse.	2 50
— * Les Vacances.	2 50
CARCASSI. Douce Rêverie	2 50
— Le Gondolier.	2 50
— L'Heureux.	2 50
— Venez.	2 50
CARULLI (G.). * Chant des Mères moscovites	3 75
= La Danse napolitaine.	2 50
— * Des abîmes profonds.	3 75
— * Ischia.	4 50
— Les Jeunes Filles et les Fleurs.	2 50
— Nous ne changeons pas de patrie.	2 50
— * O notre Père.	5 . .
— * La Semaine sainte.	3 75
— * Les Suisses.	5 37
— * La Vierge dorée.	2 50
CLAPISSON (L.). * L'Attente.	3 . .
— * Balançons-nous.	2 50
— * Les Glaneuses.	2 50
— * Je parlerai, duo des *Mystères d'Udolphe*.	6 . .
— * Prière à bord d'un vaisseau. .	3 . .
— Le Ranz.	3 . .
— Une Rêveuse.	2 50
— Les Vedettes.	2 50
— Voici la nuit.	3 . .
DAVID (Félicien). Partons.	2 50

DONIZETTI. * Le Départ du Volontaire.	3 . .
— La Fille du Danube.	3 . .
— * Les Jeunes Filles de Sorrente.	3 . .
— * Les Napolitains.	3 . .
— Une Nuit sur l'eau.	3 . .
— * Le Retour des Proscrits. . . .	3 . .
DUCHAMBGE. Les Chanteurs italiens.	2 50
GRISAR. * Retour du mois de mai.	2 50
HAAS (Ch.). * Aux Jeunes Filles. . .	2 50
— * Les Jeunes Tyroliennes. . . .	2 50
KELLER. * Les Bohémiens.	2 50
— Les Lansquenets.	2 50
— La Matinée de printemps. . . .	2 50
— * Les Moissonneurs.	2 50
— L'Ouragan.	2 50
— * Les Pêcheurs de l'Adriatique.	2 50
LAGOANÈRE. Advienne que pourra.	2 . .
— * La Brigantine.	2 . .
— * La Chapelle des champs . . .	2 . .
— * Les Enfants errants.	2 . .
— * Le Pauvre Voyageur.	2 . .
LECORBEILLER (Ch.). * Les Rameurs.	2 50
LOUIS (N.). L'Isolement.	2 50
— L'OEillet.	2 50
— * Trop tard.	2 50
MASINI. * Les Belles Nuits d'été. . .	2 58
— * Le Départ des mariniers. . . .	2 50
— Les Fiancées des Pâtres.	2 50
— Le Lac de Genève.	2 50
— La Moisson.	2 50
— * Que la mer est belle !.	2 50
— La Rive qu'on aime.	2 50
MICHEL (F.). * Près de la Croix. . .	2 50
— * Quittons le port.	2 50
MONPOU (Hip.). * Exil et Retour. . .	2 50
— Les Deux Cousines.	2 50
NAVARRE (Ad.). Valentine et Marguerite. . . . . net.	1 25
NICOU-CHORON. Les Gentils Pastours	2 50
OFFENBACH. Meunière et Fermière.	9 .

PANSERON. Adieu à la Suisse. . . . 2 50
— *Allons danser sur la colline. . 2 50
— Le Ciel est pur. 2 50
— En vain l'orage grondera. . . . 2 50
— Je veux revoir ma patrie. . . . 2 50
— Restons ici. 2 50
— Venez dans ma chaumière. . . . 2 50

PUGET (Mlle.). Adieu, tout ce que
j'aime. 2 50
— Du temps que la reine Berthe
filait. 2 50

QUIDANT (A.). Les Deux Jumeaux. . 2 50
ROUSSEL. Il est minuit. 2 50

SCARD (A.). *Chantez, oiseaux du
ciel. 2 50
— *Les Deux Rosières. 2 50
— *Le Retour au hameau. 2 50

STRAUSS. *Les Dentelles de Bruxel-
les. 2 50
— Philomèle. 2 50

THYS. *Pam pam. 2 50

WEKERLIN. *Nocturne oriental. . . 2 50

ZEREZO. L'Espoir. 2 50
* * * Ecoute, écoute. 2 50
* * * Le Montagnard émigré. . 2 50

DUOS ET NOCTURNES POUR SOPRANO ET MEZZO-SOPRAO
OU CONTRALTO OU BARYTON.

ADAM (Ad.). A lui la puissance, du
Roi d'Yvetot. . . . . . S. C. 4 50
ALARY. Les charmes du mariage.
S. T. MS. B. 5 .
BORDÈSE (L.). Les Almées. . S. MS. 5 .
— Au bord du lac de Côme. S. MS. 5 .
— *Les Brésiliennes. . . . S. MS. 5 .
— Les chasseresses. . . . S. MS. 5 .
— Les Créoles. . . . , . S. MS. 5 .
— La Fête des Roses à Mergel-
lina. . . . . S. MS. 5 .
— *Le Golfe de Naples. . S. MS. 5 .
— *Les Martyres. . . . . S. MS. 5 .
— *Les Novices. . . . . S. MS. 5 .
— La Tarentelle. . . . . S. MS. 5 .
— Une Soirée en mer. . . S. MS. 5 .
BOUGNOL. (L.). *La Prière au vil-
lage. . . . . S. MS. 2 50
RRUGUIÈRE (Ed.). *La Chapelle de
Guillaume Tell. . . . S. MS. 2 50
— Les Vacances. . . . . . S. MS. 2 50
DONIZETTI (G.). L'Adieu. . . S. S. 4 50
— Les Gondoliers de l'Adriati-
que. . . . . S. S. 3 .
— *Le Pèlerinage. . . . S. MS. 4 50
— Une Fête au Lido. . . . S. B. 4 50
DUFOHT (Ch. de). Les Gondoliers
vénitiens. . . . . . . S. C. 2 50
GABULSSI. L'Absence: . . . S. C. 3 .
— *La Calabraise. . . . . S. C. 3 .
— Les Captives. . . . . . S. C. 3 .
— La Cloche des trépassée. S. C. 3 75
— *Les Deux Fiancées. . . S. C. 3 .
— *Les Deux Nonnes. . . . S. C. 3 .
— *Les Epouses des croisés. S. C. 4 50
— *Frère et Sœur. . . . . S. C. 3 .
— *Les Jeunes Grecques. . S. C. 3 .
— *Les Jeunes Irlandaises. . S. C. 3 .
— Le Lac. . . . . S. C. 4 50
— Minuit. . . . . S. C. 3 .
— *La Mode. . . . . . . S. C. 3 .
— *Notre-Dame-de-Lorette. S. C. 3 .
— *L'Offrande à la Madone. S. C. 3 .
— L'Ombre. . . . . . . S. C. 3 .
— *Les Orphelins. . . . . S. C. 3 .
— *Page et châtelaine. . . S. C. 3 .
— *Les Pèlerins. . . . . S. C. 3 .

GABUSSI. *Les Petites Bohé-
miennes. . . . . . . S. C. 3 .
— *Les Petits Savoyards. . S. C. 3 .
— Le Portrait. . . . . . S. C. 3 .
— Le Remords. . . . . . S. C. 3 75
— *Le Retour des Chasseurs
S. C. 3 .
— *Le Retour des Pèlerins. . S. C. 3 .
— Rêveries du soir. . . . S. C. 3 .
— *La Rose. . . . . . . S. C. 3 .
— *La Séparation . . . . S. C. 3 .
— *Une Soirée en Italie . . S. C. 3 .
— *Le Solitaire et la Bèlerine
S. G. 3 .
— *Souvenirs d'Italie. . . S. G. 5 .
— *Le Temps. . . . . . S. G. 3 .
— *Une Fête à Venise . . . S. G. 3 .
— Une Nuit à Rome. . . . S. G. 3 .
— Venise . . . . S. G. 3 .
— *La Vivandière . . . . S. G. 3 .

GRAZIANI. Les Fileuses bretonnes.
S. C. 4 50
GRISARD. *La Fête des Madones.
S. C. 2 50
— L'Oraison de sainte Geneviève.
S. C. 2 50
— *Prenez espoir. . . . . S. C. 2 50
HAAS. La Sympathie. . . . S. B. 3 .
MASSINI. Avant le bal. . . . S. C. 2 50
— *Le Départ des Styriens. S. C. 2 50
— L'Echo de la rive. . . . S. C. 2 50
— Il faut être deux. . . . S. C. 2 50
— *Naples. . . . . S. C. 4 50
— *Premiers beaux jours. S. C. 2 50
— Quittons Venise. . . . S. C. 2 50
MICHEL (F.). La Chasse du roi
Charles IX. . . . . . S. B. 3 .
O'KELLY. Les Etoiles. . . . S. MS. 2 50
PERRUCHINI. Les Adieux à la pa-
trie. . . . . S. C. 2 50
SCARD (A.). *La Fête du Vil-
lage. . . . . S. C. 2 50
— *Le Retour des Proscrits.
S. MS. 5 .

TRIOS

ROMANCES, MÉLODIES, SCÈNES, ETC., POUR TROIS SOPRANOS.

BRUGUIÈRE (Ed.). Les Vacances. .	2 50	
CARULLI. Des abîmes profonds . . .	3 75	
— Adieux à la mer.	3 . .	
— Bonsoir	2 50	
— Brise du soir.	2 50	
— * Ischia.	3 75	
' O notre Père !	2 50	
— * Que cette mer est belle ! . . .	2 50	
— * Chant des Mères moscovites .	3 . .	

CARULLI. * La Semaine sainte. . . .	2 . .
— Silence. . . . . , ...	2 . .
— Si le sommeil.	3 . .
— * Les Suisses.	3 . .
— Les Sylphes.	3 . .
MERCADANTE. * Prière des Vestales.	4 50
NAVARRE (Ad.). Dieu et Marie. net.	1 25
SCARD (A.). Départ et Retour. . .	4 50

QUATUORS

SÉRÉNADES ET SCÈNES POUR DEUX TÉNORS ET DEUX BASSES.

CARULLI. Bonsoir.	2 50
— Brise du soir.	2 50
— * Que cette mer est belle ! . . .	2 50
— Silence.	2 50
— Si le sommeil.	3 50
CLAPISSON. * L'Attente.	3 . .
— Les Contrebandiers.	3 . .
— Le Départ des chasseurs. . . .	3 . .
— * La Prière à bord d'un vaisseau.	3 . .

CLAPISSON. Le Ranz.	3 . .
— Voici la nuit.	3 . .
COSTA. Les Montagnards suisses. . .	6 . .
DONIZETTI. La Cloche..	3 75
— Rataplan.	4 50
SCARD (A.). La Campagne au soir, sans accompagnement. . . .	3 . .
— Les Pêcheurs vénitiens.	8 . .
— La Ronde des Pâtres.	7 50

CHŒURS

CHŒURS POUR QUATRE VOIX D'HOMMES.

ADAM (Ad.). Marchons, soldats, Chœur de *Lambert Simnel.*	2 50
BOISSELOT (X.). Sérénade de *Ne touchez pas à la Reine.* . . net.	. 50
— Chœur de soldats, du même opéra. . . . . net.	. 50
CARULLI (G.). Six sérénades et aubades, avec accomp. de piano, *ad libitum :*	
Nos 1. L'Heure du soir. . .	3 . .
2. Le Départ pour la chasse.	4 50
3. Le Réveil.	3 . .
4. La Tarentelle. . . .	4 50
5. Les Exilés.	3 . .
6. Le Charivari. . . .	3 . .
CLAPISSON (L.). Six mélodies nocturnes, exécutées à l'Académie impériale :	
Nos 1. Les Sbires.	4 50
2. La Sérénade.	4 50
3. Les Maraudeurs de Liddesdale.	4 50
4. La Nacelle.	4 50
5. Le Nain noir.	4 50
6. Le Mai.	4 50

CRESTE. Le Capitaine Beau-Jarret, chansonnette avec chœur, *ad libitum*	6 . .
DAVID (Fél.). Le Chant du soir, chœur ou quatuor avec vocalises de ténor solo, exécuté à toutes les représentations du *Désert*, sous le titre de la Danse des Astres.	9 . .
Chaque partie séparé. . net.	. 30
— Les Génies de l'Océan, chœur de *Christophe Colomb,* avec vocalises de soprano, *ad libitum*.	5 . .
— Chœur bachique de *Chistophe Colomb.*	5 . .
— Chœur des Sauvages, de *Cristophe Colomb,* pour voix d'hommes et de femmes. . .	5 . .
DONIZETTI (G.). La Cloche.	3 75
— Rataplan.	4 50
MANGEANT. Les Pêcheurs de Royan, chœur avec ronde.	2 50
MONPOU (H.). Les Cris de Paris, scène burlesque.	5 . .
— Chant national de *Lambert Simnel,* solo et chœur. . . .	2 50

PANSERON. Orphéus, six chœurs avec les parties séparées, 1er recueil :
    Nos 1. La Valse. . . . . 5 . .
       2. Les Ermites. . . . . . . 5 . .
       3. Le Carnaval . . . . . . 5 . .

PANSERON. Orphéus (suite) :
    Nos 4. Le Départ des Suisses. 6 . .
       5. La Chasse. . . . . 5 . .
       6. La Veille des armes.
    Les six réunis. . . . net. 12 . .

CHŒURS POUR PENSIONNATS DE DEMOISELLES.

BOISSELOT (X.). *Prière à la Vierge.* à trois voix, pour 2 sopr. et 1 mezzo-sop. . . . . 3 . .

BORDÈSE (Luigi). Au bord du lac de Côme, à deux voix, pour 2 sopr. et 1 mezzo-sopr. . . . . 5 . .
— Les Chasseresses, pour 2 sopr. et 1 mezzo-sopr. . . . . 5 . .
— Une Soirée en mer, pour 2 sopr. et 1 mezzo-sopr. . . . . . . 5 . .
— Les trophées de l'Enfance, chants composés pour la distribution des prix dans les pensionnats.
    Nos 1. Prix etcouronnes.
       2. Pleurs de joie.
       3. Premiers lauriers. net. 1 25
Chaque partie séparée. 10

BOVY DE LYSBERG (Ch.). Les Cloches du soir, chœur pour voix de femmes. . . . . 3 . .

BRUGUIÈRE (Ed.). Hymne à Marie, chant religieux à trois voix. . 2 50
— Les Vacances, chansonnette à trois voix. 2 50
— Hymnes religieux, six chœurs pour trois voix avec solo :
    Nos 1. Hymne à l'Ange gardien . . . . 3 . .
       2. Hymne au divin Créateur. . . . . 3 . .
    Hymne à Marie.
    Nos 3. L'Etoile des mers. . . 4 . .
       4. Ma blanche Étoile. . . 3 . .
       5. Notre Mère des cieux. . 3 . .
       6. Bénissons le nom de Marie . . . . 4 . .
    Les six réunis. . . 15 . .

CARULLI (G.). Mélodies pour trois voix égales :
    Nos 1. Les Suisses. . . . . . . 3 . .
       2. La Semaine sainte. . . 3 . .
       3. Les Adieux à la mer. . 3 . .
       4. Chant des Mères moscovites. . . . . 3 . .
       5. Des abimes profonds. . 3 75
       6. Ischia. 3 75
       7. O notre Père. 2 50
       8. Les Sylphes. . . . . . . 5 . .
Les huit réunies et brochées. . 18 . .

CLAPISSON (L.). Six chœurs de jeunes filles pour trois voix, avec solo :
    Nos 1. La petite Chapelle. . . 3 . .
       2. La Chasse aux papillons. . . . . 5 . .

CLAPISSON. *Suite des chœurs :*
       3. Les Glaneuses. . . . . 3 . .
       4. La Danse aux Chansons . . . . 4 . .
       5. Le Mois de Marie. . . 3 . .
       6. Les Sirènes du Danube. 7 50
    Les six réunis. . . 18 . .

DAVID. (Fél.). Hymne au Créateur, pour trois voix de femmes, sur le Chant du soir. Parties séparées (accomp. de piano *ad libit*) . . . . 5 . .
— La Prière, chœur de *Christophe Colomb*, arrangé pour quatre voix de femmes, avec parties séparées (accomp. de piano *ad libit*) . . . . 5 . .

DEVRAINNE. O salutaris! pour 2 ténors et 2 basses, avec 2 soprani *ad libit.*
    Chaque partie, net. . . .

HÉROLD (F.). Aux pieds de la Madone, prière de *Zampa*, à trois voix. 2 50

GOUNOD (Ch.). Les Couronnes, chœurs composés pour la distribution des prix dans les pensionnats :
    Nos 1. Le Travail béni, chant à 3 voix égales avec solo. net. 1 25
       2. La Fête des couronnes, chant à 3 voix égales . . . , . . net. 1 25
       3. Dieu partout, chant à 3 voix égales . . net. 1 25
Chaque partie séparé, net. . . . 10

MEYERBEER (G.). Déjà l'ombre s'évapore, prière à 5 voix. . . . . . . 6 . .

MONPOU (H.). Ici l'on passe des jours, chœur à 3 ou 4 voix. 3 75

PANSERON (A.). *Orphéus des jeunes pensionnaires,* 6 chœurs pour 3 voix égales, ou 2 soprani et 1 contralto avec les parties séparées, 1er recueil.
    Nos 1. Mes sœurs, prions. . . 4 50
       2. Voici l'aurore. 7 75
       3. Le Départ des chasseurs. . . . . 5 . .
       4. O toi, Dieu tutélaire ! 5 . .
       5. Bannissez les alarmes . 4 50
       6. Le Retour. . . . . 5 . .
Les six réunis et brochés, net. 12 . .

AUX MÈRES DE FAMILLE

LA
PROVIDENCE DES ENFANTS

Mélodies Françaises, Italiennes et Allemandes.

AIRS DE DANSE, RONDOS. AIRS VARIÉS
EXERCICES MÉLODIQUES

D'une difficulté progressive, sans octave et soigneusement doigtés

POUR

LE PIANO

PAR

ADOLPHE LE CARPENTIER

Op. 200

En deux livres. — Chaque 10 Francs.

Ôter au travail son aridité, présenter sous un côté agréable tout ce que l'étude des exercices des cinq doigts contient d'utile, tel est le but que M. Le Carpentier s'est proposé, et il l'a atteint, nous le croyons, dans son nouvel ouvrage : **La Providence des Enfants.**

Jusqu'ici, dans toutes les méthodes, les exercices de mécanisme ont été présentés d'une manière si peu attrayante que les Enfants ne se décident à les travailler qu'avec une grande répugnance, causée par la monotonie que contient forcément la forme dans laquelle ils ont été conçus. Pour éviter ce défaut, qui finit souvent par décourager entièrement les Enfants, M. Le Carpentier a eu l'heureuse idée de composer de petits exercices mélodiques, rhythmiques et nuancés. Chacun de ces exercices est progressif; ils sont très courts. Chaque difficulté de mécanisme et de nuance est étudiée séparément; tel exercice est composé sur une mélodie dont les éléments sont combinés pour donner de l'indépendance au quatrième doigt; tel autre apprend à se familiariser avec le mélange alternatif des touches blanches et noires. Celui-ci exerce à faire les notes piquées, celui-là à faire les notes liées. Les arpéges, les tierces, les notes répétées, le trille, et enfin tout le rudiment du mécanisme vient se présenter successivement et toujours avec l'attrait de la mélodie et du rhythme.

Pour déguiser davantage le travail, les exercices sont entremêlés d'airs connus, choisis dans les œuvres d'excellents maîtres, et portant dans l'ouvrage de M. Le Carpentier le titre de *Récréations*.

Les Professeurs et les Mères de famille, après la lecture et l'essai de l'ouvrage que nous publions, reconnaîtront, nous nous plaisons à le croire, que ce nouveau travail de M. Le Carpentier, professeur éminent auquel l'enseignement doit déjà tant, mérite incontestablement le titre de **La Providence des Enfants**, et est appelé à avoir l'immense succès de tous ses autres ouvrages élémentaires, dont la popularité est consacrée par des rapports du **Conservatoire** et de l'**Institut**.

Paris, Imp. G.-A. Pinard, cour des Miracles, 9.

ÉDUCATION MUSICALE DES ENFANTS

PAR

A. LE CARPENTIER

Adoptée au Conservatoire et approuvée par l'Institut

SOLFÉGE

PETIT SOLFÉGE POUR LES ENFANTS

Édition in-4° avec accompagnement de piano . . . . 15 »
Édition in-8° sans accompagnement, 10° édition . . . . . net. 2.50
Adopté au Conservatoire dans la séance du 5 juillet 1854.

SOLFÉGE A DEUX VOIX POUR LES CLASSES D'ENSEMBLE

Édition in-4° avec accompagnement de piano . . . . 20 »
Édition in-8° sans accompagnement . . . . net. 3 »
Adopté au Conservatoire dans la séance du 5 juillet 1854.

GRAMMAIRE MUSICALE PAR DEMANDES ET RÉPONSES

Contenant les principes de la musique, format in-8° . . . . . . net. 1 25
Suite à la **Grammaire musicale**, format in-8° . . . . . . net. 1 25

PIANO

COURS PRATIQUE DE PIANO ÉLÉMENTAIRE ET PROGRESSIF

Adopté au Conservatoire dans la séance du 20 décembre 1853.

1er **DEGRE**.—**Méthode pour les Enfants**, contenant les premiers principes, des exercices, gammes, récréations, et six petites études. 23° édit.   12 »

2° **DEGRE**.—Op. 69. **Seconde partie de la Méthode**, contenant
vingt-cinq Etudes enfantines, précédées chacune d'exercices et
préludes, et suivies de douze récréations sur des motifs choisis . . .   12 »

3° **DEGRE**.—Op. 174. **Vingt-cinq Etudes élémentaires et pro-
gressives**, trente exercices journaliers et quatre récréations . . .   12 »

4° **DEGRE**.—Op. 175. **Vingt-cinq Etudes de moyenne force** et
cinquante exercices journaliers comprenant des octaves . . . . .   12 »

5° **DEGRE**.—Op. 127. **Vingt-cinq Etudes caractéristiques** de style
et de perfectionnement. . . . .   18 »

APPENDICE

6° **DEGRE**.—Op. 57. **École de la mesure**, pour être travaillée avec
les 2°, 3°, 4° et 5° degrés . . . .   10 »

7° **DEGRE**.—Op. 78. **Quinze Préludes brillants** et de moyenne force   9 »

Tous ces Ouvrages ont été approuvés par l'Institut dans sa séance du 25 sept. 1851.

ÉLÉMENTS DU PIANO A QUATRE MAINS

ÉTUDE DE LA MESURE

MANUEL DES JEUNES PIANISTES.

Contenant 20 petites leçons mélodiques et 5 récréations très-faciles
sans octaves pour le piano à quatre mains. — Op. 232 . . . . . . 12 »

LA PROVIDENCE DES ENFANTS

Op. 260. —Exercices mélodiques d'une difficulté progressive, sans
octaves et soigneusement doigtés. En deux livres, chaque. . . . . 10 »